말문이 막힐 때
나를 구하는 한마디

말문이 막힐 때 나를 구하는 한마디

마티아스 뇔케 지음

장혜경 옮김

**꼬였던 일도 관계도
술술 풀리는
새로운 대화의 기술**

Reflex!

갈매나무

대화의 능력은
순발력이 좌우한다

순발력이 뛰어나면 좋은 점이 많다. 남에게 휘둘리지 않고 자기 이익을 지킬 수 있으며 웃음을 유발해 주변 사람들을 자기편으로 끌어들일 수 있다. 순발력은 부당한 공격을 막고 갈등을 해소하며 난처한 상황을 극복하는 데에도 큰 도움을 준다. 상황에 딱 맞는 말로 남들보다 수월하게, 남들보다 빠르게 자기 뜻을 관철할 수 있다.

하지만 살다 보면 바로 그 딱 맞는 말이 잘 떠오르지 않을 때가 많고, 그로 인해 내가 분명히 옳은 상황에서도 말 잘하는 사람에게 선수를 빼앗기고 만다. 특히 직장에서는 상대를 설득할 시간이 많지 않은 데다 날로 거칠어지고 비열해지는 공격에 대응해야 한다. 순발력을 다룬 책과 강의의 수요가 날로 높아지는 이유도 바로 그 때문이다.

그런 의미에서 우리의 이 순발력 책이 베스트셀러 반열에 오른 것도 우연은 아닐 것이다. 순발력 있게 상대의 공격에 대처하는 트릭과 기술을 확장, 심화하고 싶다면 이번 개정판에 주목하기 바란다. 이 책이 유머의 칼날을 갈아주고, 신선한 자극으로 잠들어 있던

당신의 능력을 깨워 앞으로 어떤 공격도 당당하게 막아낼 수 있게
해줄 것이니 말이다.

2023년 독일에서
마티아스 뇔케

깊이 파헤치면 누구의 마음에나 두려움이 숨어 있다.

앙드레 말로 André Malraux

결정적 순간엔
왜 아무 말도 떠오르지 않을까?

scene

직원 A가 중요한 업무를 처리하고 있다. 그때 사무실 문이 벌컥 열리면서 상사가 들어온다. 상사 B가 다짜고짜 그에게 묻는다. "아니, 아직도 안 끝났어?" A는 움찔하며 고개를 푹 숙인다. "C가 어제야 서류를 넘겨줘서요." 그가 기어들어 가는 목소리로 중얼거린다.

"그래서?" B가 소리친다. "그럼 왜 일찍 달라고 조르지 않았지?" "했는데요." A가 점점 더 기어들어 가는 목소리로 웅얼거린다. "근데 아무리 닦달을 해도 C가……" "왜 만날 남 핑계를 대? 자기가 잘못해놓고서는." B가 그의 말을 가로채며 윽박지른다. A는 바닥만 쳐다보고 있다.

직장인이라면 누구나 한 번쯤 이런 상황을 경험해본 적 있을 것이다. "종로에서 뺨 맞고 한강에서 화풀이한다"더니, 공연히 그 시각 그 장소에서 상사의 눈에 띈 게 잘못이라면 잘못이다. 억울해 죽겠지만 달리 대응 방법을 모르겠다. 그래서 반사적으로 변명을 늘어놓지만, 상황은 더 악화될 뿐이다.

자, 이런 상황에서 꼭 필요한 게 무엇일까? 바로 '당당함'이다.

물론 아무리 당당하고 싶어도 그렇게 하기 힘든 상황이 있다. 주위 사람들이 불안감을 조성하고, 당신을 경멸하거나 비웃으면서 마음을 어지럽히는 것이다. 당신은 당당하기 싫어서가 아니라 그럴수가 없기에 자꾸 비굴해진다. 자존심은 상하고 자신감은 떨어지고 자립심은 물 건너간다. 당연히 기분도 좋지 않다.

순발력은 바로 이런 상황에서 당당하고 품위 있게 행동할 수 있도록 도와준다. 모든 인간에겐 존중받을 권리가 있다. 순발력은 바로 그 권리를 지킬 수 있게 도와준다.

당당하다는 건 곧 자기 확신과 자립심을 잃지 않고, 또 주제 파악을 할 줄 안다는 말이다. 당당한 사람은 남의 말에 쉽게 흔들리지 않는다. 느긋하고 침착한 태도로 상황을 통제할 수 있다. 아무리 껄끄러운 상황이라도 말이다.

그렇다면 어떻게 해야 그런 상황에서도 말문이 트이고, 대화의 주도권을 거머쥘 수 있을까? 이 질문에 대한 답이 궁금하다면 이 책을 읽어보기를 바란다. 이 책을 읽고 나면 여러분도 누구 앞에서든 당당하고 순발력 있게 대화할 수 있을 것이다.

난감한 상황에서
빠져나오는 방법

몇 마디 유머로 위기를 모면하는 수준을 가리켜
순발력이 있다고 할 수는 없다.
순발력 있는 사람이 되려면
매사에 당당함을 잃지 않는 자세가 더 필요하다.

01

당당하게 맞서야 하는 순간

scene

D는 회사의 전 직원이 참여하는 행사에서 프레젠테이션을 하게 되었다. 처음이라 무척 떨린다. 사회자가 몇 마디 하더니 곧장 D의 이름을 불렀다. 긴장한 그는 그만 발을 삐끗했고, 넘어지면서 원고가 무대 위로 와르르 쏟아졌다. 처음에는 왁자한 웃음소리가 터졌지만, 사회자와 D가 허둥지둥 원고를 주워 모으는 동안 민망한 정적만이 감돌았다. D는 얼른 단상으로 달려가 마이크를 잡고서 이렇게 인사를 시작한다. "저는 안녕하십니다. 보시다시피 말을 할 처지가 못 되어서 잠시 조용했습니다." (웃음) "하지만 이렇게 여러분 앞에 무릎을 꿇었으니, 잠시 더 원고를 정리해도 좋겠지요?"

이 상황을 잘 살펴보자. 먼저 D의 당당한 태도가 눈에 띈다. 그리고 넘어진 것을 "무릎을 꿇었다"고 둘러대는 순발력과 재치가 인상적이다. D는 난감한 상황을 모두가 즐거워지는 쪽으로 해결했고, 나아가 청중에게서 공감과 친근감을 얻었다.

약자가 되지 마라

당당하면 좋은 점? 1~2가지가 아니다. 그러나 무엇보다도 좋은 점은 난처한 상황을 자신에게 유리하게 해 넘어갈 수 있다는 것이다. 그러므로 특히 관리자급 인사들에게는 이런 당당한 태도가 꼭 필요하다. 당당하지 못한 상사는 비굴해 보여, 처음부터 '패배자'라는 인상을 주기 쉽다.

물론 부하 직원이라고 해서 당당할 필요가 없다는 말은 아니다. 당당하면 동료와의 관계도 원만하게 유지할 수 있고, 상사에게도 자기 뜻을 관철시키기 쉽기 때문이다. 이 밖에도 당당하면 좋은 점으로는 다음과 같은 것들이 있다.

- 자기 확신이 커진다. 당당한 사람은 확신이 넘친다. 정서적으로도 안정되어 있다.
- 독립적이다. 당당하다는 건 자신의 판단을 믿고 난감한 상황을 헤쳐나간다는 뜻이다.
- 자아상이 현실적이다. 당당한 사람은 자신의 장점과 단점을 파악해 잘 활용한다. 약점을 감추려고 일부러 잘난 척하지도 않고, 남들에 비해 큰 장점은 아니라 해도 일단 자신의 장점을 주눅 들지 않고 내보일 줄 안다.
- 당당한 사람은 타인과의 관계에 자신이 있기 때문에 타인을 좋아하고 이기적이지 않다.

상대의 무례한 행동에 속수무책으로 당하는 약자가 되지 마라. 상대가 무례하게 대하더라도 자신감을 잃지 말고 객관적이고 담담하게 대응하라. 그래야 당신을 함부로 대하지 못한다.

02

자기 확신을 키우는 첫걸음

scene

직원 A가 일을 하고 있다. 상사 B가 갑자기 사무실 문을 벌컥 열고
들어와 호통을 친다. "아니, 아직도 안 끝났어?" A가 고개를 들고 허
리를 쭉 펴더니 담담한 목소리로 대답한다. "당연하죠. 어제 겨우 시
작했는데요." "어제라니, 왜?" B가 묻는다. A는 다시 의자에 등을 기
대며 말한다. "서류가 어제 넘어왔거든요." B가 투덜거린다. "여긴 놀
이터야. 다들 제멋대로야." 그러고는 다시 밖으로 나가버린다.

프롤로그에서 봤던 장면과는 전혀 다른 분위기다. A의 태도가 약
간 달라졌을 뿐인데 풍기는 분위기도 전혀 달라졌다. A는 겁먹은
약자의 태도 대신 자신 있는 분명한 태도로 상사에게 자신의 뜻을
확실히 밝혔다. "날 화풀이 상대로 삼지는 못할 겁니다!"

B는 이번에도 조금 전과 마찬가지로 직성이 풀리지 않았다. 그래
서 기분이 나쁘다. 하지만 그건 그의 문제다. 그리고 이번에는 오히
려 B가 더 비굴해 보인다.

scene

B가 사무실을 나간 후 옆자리 동료가 묻는다. "왜 그래?" A는 대답한다.

"그냥 기분이 나쁜 모양이지. 뭐, 하루 이틀이야?"

자기 확신이 있으면 감정에 쉽게 동요되지 않는다. 감정에 동요되지 않는다고 해서 차가운 사람이라는 이야기가 아니다. 자기감정을 억지로 속이거나 억누르라는 말도 아니다. 요컨대 감정의 노예가 되지 말라는 뜻이다. 한마디로 자기 확신이 있는 사람은 감성지능의 가장 중요한 조건, 즉 자제력을 갖춘 사람이라 할 것이다.

상사 B가 버럭 화를 내는 순간, 부하 직원 A는 전처럼 겁을 다시 먹었거나 아니면 상사와 똑같이 화가 났을지 모른다. 하지만 A는 이런 감정에 휩쓸리지 않았다. 감정적인 반응은 상황을 더 악화시킬 뿐이라는 사실을 잘 알고 있었기 때문이다. 그는 침착하게 대응했고, 자제력을 발휘해 상황을 슬기롭게 넘겼다.

물론 자기 확신을 갖는 게 말처럼 쉬운 일은 아니다. 하지만 노력해서 안 될 일이 있겠는가. "천 리 길도 한 걸음부터"라고 했다. 한번에 너무 많은 욕심을 내지 말고 조금씩 자기 확신을 키워보자. 가장 좋은 방법은 제스처 활용이다. 구체적인 방법은 뒤에 나올 Step 3에서 알아보기로 하자.

중요한 것은 상대의 명령에 무턱대고 복종하지 않는 것이다. 이를 통해 주변 사람들에게 당당한 이미지를 심을 수 있고, 이는 다시 자기 확신에 긍정적 작용을 한다.

03

상황을 재해석하라

scene

B가 또 화를 낸다. "여태 못 끝냈어?" A는 고개를 들고 놀란 토끼 눈
으로 그를 쳐다본다. "무슨 일 있으세요? 심기가 불편해 보여요."

당당한 사람은 다른 사람의 행동이나 말에 좌지우지되지 않는다.
A는 B가 날을 세우며 던진 질문에 일절 대응하지 않았다. 그 결과
그의 말 속에 숨은 가시와 비난은 허사로 돌아가버리고 말았다. 게
다가 A는 B의 행동에 나름의 해석을 가하면서 난감한 상황을 교묘
하게 빠져나갔다.

이러한 A의 행동에는 2가지 장점이 있다.

- 변명을 하지 않고도 상대의 비난을 물리칠 수 있다.
- 새로운 주제, 즉 B의 기분이라는 주제를 전면에 내세움으로써 그의
  비난을 뒷전으로 밀려나게 했다.

상황은 함께 만드는 것

상황은 우리 행동의 틀을 형성한다. 하지만 상황이란 그냥 한곳에 변함없이 있는 것이 아니라, 당신이 상대와 더불어 하는 행동을 통해 만드는 것이다.

지금 나누는 대화가 상호 비난이 될지 화해의 장을 만들지는 당신과 상대의 암묵적 동의를 통해 결정된다. 그리고 이런 동의는 인간관계 자체가 유지되기 위해 꼭 필요한 과정이다. 그러지 않으면 모두가 각자 행동하고 각자 이야기하는 꼴밖에는 안 될 테니 말이다.

당신은 상대와의 암묵적 동의를 통해 다음 3가지 중 1가지 상황을 만들 수 있다.

- 상대가 당신을 억지로 특정한 상황으로 끌어들인다. 마치 처음부터 그 상황이었다는 듯이 행동하면서 말이다. 이에 반응하면 당신은 상대가 설정해놓은 조건으로 관계를 맺자는 그의 제안을 받아들이는 것이 된다.
- 이때 당신은 상대의 제안을 거부하고 역제안을 하거나, 상대의 제안을 당신이 수긍할 수 있는 수준으로 바꿀 수 있다. 상대가 당신의 역제안에 응하면 당신이 상황을 바꾼 것이 된다.
- 상황에 대한 공동 '정의'에 당신이 동의할 수 없다면 더 이상 서로 이야기를 나누는 것은 의미가 없다. 어차피 각자 자기 이야기만 하는 상황이니까. 얼른 상황을 종결짓는 것이 좋다.

상황을 다시 정의하라

만약 당신이 불쾌한 상황에 놓여 있다면, 상황을 새롭게 정의해 거기에서 빠져나오면 된다. 물론 마음 내키는 대로 해석해서는 곤란하다. 상대가 당신의 새로운 해석을 이해하고 받아들일 수 있어야 한다. 그러한 상황이 조성되려면 상대의 응대가 필요한 법이니 말이다.

scene

> B가 다시 불평을 터트린다. "아직도 못 끝냈단 말이야?" A가 창밖을 내다보며 한숨을 쉰다. "날씨가 좋다 했더니 금방 또 흐려지는구나."

이런 식의 대담한 대응을 너그럽게 넘길 사람은 많지 않다. 대부분은 자기의 말을 깡그리 무시하고 딴청을 부린다고 생각할 것이다. 이런 식의 대응은 당신의 말이 상대가 방금 말한 것과 연관이 깊다는 인상을 줄 수 있을 때 성공 확률이 높다.

앞으로 소개할 다양한 순발력 기술들은 이와 같이 상황을 재해석하는 데 많은 도움이 될 것이다. 앞서 소개했던 D의 "무릎을 꿇었다"는 발언도 순발력 기술 중 하나다.

04

나의 판단을 믿어라

scene

마케팅팀이 구내매점에 모였다. 새로 입사한 사원이 처음으로 팀 모임에 끼었다. 대화의 주제는 E가 새로 끼고 온 빨간 뿔테 안경이다. 팀장이 신입 사원에게 묻는다. "E의 이 안경 멋지지 않아?" 상사의 질문에 당황한 신입 사원이 엉겁결에 대답한다. "네, 제가 보기에도 멋져요." 그러자 팀장이 말한다. "그래? 솔직히 말해 난 별로거든. 너무 튀잖아." 사실 그도 팀장과 똑같이 생각하고 있었는데 말이다.

너무 성급하게 타인의 의견에 손을 들어주면 안 된다. 특히 상대가 나보다 권력이 있다고 해서, 나보다 돈이 많거나 학력이 높다고 해서 상대의 말을 곧이곧대로 따를 필요는 없다. 지금 필요한 건 스스로 판단하고 그 판단을 믿을 줄 아는 용기다.

그렇다고 해서 다른 사람 말이라면 사사건건 딴지를 거는 '삐딱이'가 되라는 말은 절대 아니다. 그런 유형의 사람은 남의 말이라면 무조건 혹하는 '팔랑귀'나 상사라면 껌뻑 죽는 시늉을 하는 '딸랑이'

못지않게 당당하지 못한 부류의 인간이다. 스스로 판단하라고 해서 옹고집을 부리라는 뜻도 아니다.

나름의 판단력을 키우려면 늘 자기 자신을 살피고 스스로의 목표를 떠올리며 주변 상황을 현실적으로 직시할 줄 알아야 한다. 판단을 내릴 때는 그 사람의 가치관도 반영되니 말이다.

TIP

앞으로는 무슨 일이든 결정을 내릴 때 사람들의 말에 이리저리 흔들리지 않겠다고 마음을 단단히 먹어보자. 마음이 가볍고 힘이 솟구치는 느낌이 드는가? 아니면 왠지 모르게 불안하고 이 세상에 혼자 버려진 것처럼 마음이 쓸쓸한가? 후자라면 처음으로 돌아가 이런 고민을 해봐야 한다. 내가 원하는 게 무엇일까? 내 목표가 무엇일까?

남에게 휘둘리지 않으려면 나름의 시각으로 판단을 내리기만 해서는 안 된다. 다른 사람들도 그들 나름대로 나와 다르게 세상을 바라본다는 사실을 인정하고 받아들일 줄 알아야 한다.

이는 타인의 의견이 어떻든 내가 상관할 바 아니라는 말이 아니다. 이 세상에는 다양한 시각이 존재하고, 세상의 그 누구도 타인에게 나와 같은 시각을 강요할 수 없다는 말이다. 당당하게 주체적으로 세상을 살아가는 것과 남에게 내 것을 강요하는 것은 전혀 다른 문제다.

문제가 생겼을 때 상대가 나와 의견이 다르다는 사실을 인정해

버리면 세상 살기가 한결 수월해진다. 상대를 바꿀 수는 없다.

하지만 상대와 좋은 관계를 맺을 수는 있다.

05

약점을 솔직하게 드러내라

B가 또 A에게 화를 낸다. "이거 원, 굼벵이같이 느려터져서야! 아직도 못 끝냈단 말이야? 왜 이렇게 일머리가 없어?" A가 허리를 꼿꼿하게 세우면서 이렇게 말한다. "뭐든 다 지적하셔도 좋습니다만 속도가 느리다는 이유만으로 일을 못한다고 하시는 건 받아들일 수 없습니다." A의 태도에 B는 "회사가 놀이터냐"라고 웅얼거리다가 사무실을 나가버린다.

A는 당당한 태도로 상사에게 자신의 꼼꼼한 업무 처리 능력을 상기시킨다. 그러자 상사의 괜한 불만은 타깃을 놓쳐버리고 흐지부지되고 만다.

이렇게 자신의 강점과 약점을 정확히 알고 있으면 어떤 상황에서도 당황하지 않는다. 다른 사람들이 이러한 나의 자기 판단에 동의하든 그렇지 않든 그건 중요하지 않다. 자기 자신의 능력을 잘 알고 있으면 잘 모르는 사람이 딴지를 걸어도 쉽게 흔들리지 않는다.

이는 자기비판을 모르는 '나르시시스트'가 되라는 말도, 세상에서 가장 위대하고 잘났고 성공한 인물이라는 착각에 빠져 살라는 소리도 아니다. 비현실적인 낙관주의는 '긍정적인 사고' 축에 낄 수 없는 한심한 생각이니까 말이다.

TIP

자신의 약점을 솔직하게 고백하는 사람에게는 누구나 무장해제되기 마련이다. 하지만 주의하라. 자신의 약점을 팔아 상대의 호의를 사는 사람이 되지 않도록.

누구에게나 약점이 있다

누구나 알다시피 세상에 완벽한 사람은 없다. 살아 있는 모든 사람에게는 약점이 있다. 이 약점을 제대로 직시해, 그러니까 부인하거나 과장하지 않고 그 약점에 대처할 수 있는 길을 찾는 것도 세상을 당당하게 사는 방법이다.

자신의 결점을 과장하거나 지나친 자학으로 비아냥거리는 것은 바람직하지 않다. 그런 태도는 주변 사람들의 비난이나 부당한 공격의 욕구를 부추길 뿐이다.

F는 아무리 봐도 가산율이 너무 높은 것 같아 동료 G에게 납품업체 서류의 복잡한 계산을 검산해달라고 부탁한다. G가 한마디한다. "초등학교 수학 시간에 뭐 했어? 어떻게 백분율 계산도 못해?" 그러자 F는 웃으며 이렇게 말한다. "수학은 꽝이야." 그러자 G가 하는 말, "이 회사는 꽝을 뽑아도 상금을 주나 보지?"

자신의 약점에 당당하게 대처하는 방법은 여러 가지가 있다. 열심히 노력해 능력을 키워 약점을 강점으로 만들 수도 있다. 더욱이 직업상 꼭 필요한 능력이라면, 최선을 다해 키우도록 노력해야 할 것이다.

이와 달리 현실적으로 약점을 인정하는 방법도 있다. 타고난 약점이라 아무리 노력해도 강점으로 바꿀 수 없다면, 젖 먹던 힘까지 다했는데 결과는 노력하지 않는 옆자리 동료보다 못하다면…….

이럴 때는 욕심 부리지 마라. 괜히 능력에 부치는 업무를 맡아 골머리를 앓는 것은 나를 위해서도 회사를 위해서도 좋은 일이 아니다. 나보다 능력이 뛰어난 사람에게 '쿨하게' 양보해라.

할 수 없는 일을 가지고 골머리를 앓지 마라. 대부분의 사람은 도와

달라고 요청을 받으면 기분 나빠하지 않는다. 오히려 상대보다 내가

낫다는 생각에 어깨를 으쓱하면서 흔쾌히 도와준다.

06

현실적인 '나'와 마주하라

일반적으로 당당한 사람은 다른 사람이 뭐라고 쑥덕거려도, 나아가 대놓고 비난을 해도 좀처럼 자기부정에 빠지지 않는다. 부당한 공격에 쉽게 흔들리지 않을 정도의 강한 자신감과 자의식을 갖추고 있기 때문이다.

그런데 심리학계는 연구를 통해 다음과 같은 결과를 내놓았다.

- 대체로 나 자신보다 주변 사람들이 나에 대해 더 정확하게 평가한다. 내가 어떻게 행동할지에 대해서도 나보다 더 정확하게 예상할 수 있다.
- 자아상은 나에 대한 타인들의 생각에 큰 영향을 받는다. 따라서 타인의 의견을 완전히 무시하는 사람은 현실감이 심각하게 결여된 경우가 많다.

올바른 자아상 확립하기

이러한 심리학계 결과를 우리 생활에 어떻게 반영해야 할까? 중요한 것은 상황에 대한 정확한 판단과 구분이다. 상대방은 괜한 트집을 잡으며 나한테 화풀이하는 건 아닐까? 나에게 상처를 주려고 의도적으로 모욕을 주는 것이 아닐까? 그냥 자기 기분이 나빠서 무심코 던진 말은 아닐까? 잘 알지도 못하면서 함부로 비난하는 것은 아닐까? 만일 그렇다면 그런 말들은 진지하게 받아들일 이유가 없다.

하지만 우리는 매일같이 주변 사람들로부터 말과 행동에 대한 피드백을 받는다. 그들은 나의 행동을 보고 칭찬하며 미소를 지어주기도 하지만, 이맛살을 찌푸리거나 모진 비난의 말을 던지기도 한다. 아예 무시하는 경우도 있다.

이런 반응들을 하나도 빼놓지 않고 가슴에 새겨놓고 다음 행동의 발판으로 삼을 필요까지는 없다. 그러나 그들의 피드백들은 내가 무엇을 잘하고 무엇을 잘 못하는지, 어느 정도는 정확한 이미지를 제공한다.

당당한 사람들은 자신이 상대에게 어떤 인상을 남기는지 날카로운 안테나로 추적한다. 그리고 그 인상을 수신해 자신의 자아상에 편입시킨다.

여기서 '편입'이란 단어는 중요한 개념이다. 당당한 사람들은 이미 확고한 자아상을 갖추고 있어서, 상대의 피드백을 올바르게 수용해 자신에 대한 스테레오타입을 완화시킬 수 있기 때문이다. 즉,

이런 사람들은 중도를 찾은 것이다. 그 결과 이들은 이런저런 악평에도 쉽게 당황하지 않는다. 마찬가지로 과도한 아첨과 칭찬에도 쉽게 넘어가지 않는다.

scene

F가 복잡한 숫자가 가득한 서류를 가지고 G에게 간다. "초등학교 수학 시간에 뭐 했어? 백분율 계산도 못하냐?" F가 살짝 웃으며 말한다. "백분율 계산은 못해도 돼. 나한테 진짜 필요한 건 자기같이 '마음씨 고운' 동료거든."

TIP

자신의 약점과 강점을 정확하게 판단하라. 친구나 동료 등 나를 상대적으로 잘 알면서도 내가 믿을 수 있는 사람들에게 자주 물어보며 현실적인 자아상을 만들어가자.

07

모든 관계는 '2차선 도로'다

상사 B가 문을 벌컥 열고 들어와 열심히 일하는 부하 직원 A를 괴롭힌다. "뭐야, 아직도 못 끝냈단 말이야?" A가 놀란 표정으로 고개를 든다. "갑자기 왜 그러세요? 그렇게 화난 모습 처음 봐요. 지난번에 한 계약에 문제라도 생겼어요?" "그렇다고 할 수 있지. 우리 팀이 없어지게 생겼어." "자세히 말씀 좀 해보세요. 무슨 일인데요?"

마음이 건강한 사람들은 대체로 주체적이고 자기 확신이 강하며, 자신의 능력에 대해서도 정확하게 파악하고 있다. 하지만 그렇다고 해서 그런 사람들이 진정으로 당당한 사람이라고 할 수는 없다. 왜냐하면 이들 대부분은 관심이 너무 자기 자신을 향해 있기 때문이다.

그런 사람들은 기본적으로 주변 사람들은 아무래도 상관없다고 생각하며, 또 그 사실을 주변 사람들도 느끼게 만든다. '네가 무슨 생각을 하든 상관없어, 중요한 건 내 생각이지.' 이런 생각으로 산다면 당당하고 주체적인 사람이라고 할 수 없다. 세상은 혼자서 살아가는 곳이 아니기 때문이다.

인간관계는 쌍방향이다

독일의 의과대학 교수이자 신경생물학자인 요하임 바우어 Joachim Bauer는《인간을 인간이게 하는 원칙》이라는 책에서 인간관계에 관해 아주 인상적인 비유를 들었다. 말하자면 그는 모든 관계가 '2차선 도로'여야 한다고 주장했다.

- **내가 달리는 차선:** 운전을 할 때는 내 차선을 따라가야 한다. 그러자면 반대 차선의 운전자가 나를 인격체로 인식하도록 노력해야 한다. 즉 상대방에게 이해받기 위해 노력해야 한다.
- **상대가 달리는 차선:** 상대방을 항상 염두에 두며 주의를 기울여야 한다. 다시 말해 내가 상대방에게 관심이 있다는 사실을 상대방에게 보여줘야 한다.

바우어의 주장에 따르면, 대부분의 사람은 자기 차선이 상대 차선보다 '더 넓다'고 생각한다. 관심이 우선 자신에게 향해 있고, 상대가 자신의 삶에 관심을 가져주기를 기대하는 것이다. 물론 일정 정도는 상대도 호응해줄 수 있다.

하지만 '상대 차선'을 전혀 보지 않는 사람과는 관계를 맺기가 힘들다. 거꾸로 자기 차선에 너무 무관심한 사람들도 있다. 상대가 무엇을 해도 다 이해해주는 사람, 타인을 돕거나 타인을 가르치는 데에만 신경을 쓰는 사람들이 바로 그들이다.

그렇다면 우리는 어떨 때 무언가, 혹은 누군가에게 관심을 가지는 걸까? 그냥 단순하게 상대의 행동이나 생각이 우리에게 중요하기 때문일 수도 있다. 예를 들어 상대가 우리에게 이익을 주거나 손해를 입힐 수 있기 때문에 관심을 가지는 것이다.

하지만 이와 같은 목적 지향적 관심은 좀 더 깊은 차원의 '진정한' 관심과는 차원이 다르다. 진정한 관심이란 상대를 나의 목적 달성을 위한 수단으로 보지 않는 것, 상대를 인격체로 받아들이고 존중하는 것이다.

당당한 사람들의 특징이 바로 이런 관심을 상대에게 기울일 줄 안다는 것이다. 우리 주변의 사람들이 원하는 관심, 바라는 관심 또한 바로 이런 것이다. 목적 달성을 위한 관심은 상대에게 부담이 될 뿐이며, 심할 경우 모욕감을 안겨주기도 한다.

진정한 관심이 모든 것을, 모든 사람을 '흥미 있게' 생각한다는 의미가 아니다. 관심의 양을 적절히 조절하는 것도 당당한 삶의 필수 조건이다.

꼭 많은 관심을 드러내지 않더라도 의무감이 아닌 진심에서 우러나온 관심이라면 상대는 큰 만족감을 느낄 것이다. 양이 많든 적든 그런 관심은 상대를 인격적으로 존중한다는 표현이기 때문이다. 모름지기 인간이란 가까운 사람에게, 좋아하는 사람에게 더 많은 관심과 애정을 품기 마련이니 말이다.

관심의 최소 형태는 타인을 알아보는 것이다. 그러나 놀랍게도 높은 자리에 올라갈수록 이런 능력이 떨어진다. 부담스러운 사람은 기억 창고에 무조건 들여보내지 않는다. 사실 그들이 예의가 없거나 한심한 질문을 던지는 부하 직원을 굳이 기억해야 할 이유가 무엇이겠는가.

하지만 그 '한심한' 부하 직원의 입장에서 생각해보면 이야기가 달라진다. 몇 번을 만났음에도 상대가 나를 기억하지 못한다면 얼마나 모욕감을 느끼겠는가. 대놓고 상대를 경멸하고 무시하는 것과 다르지 않다.

부담스럽고 귀찮은 사람이라도 무시하면 안 된다. 지금은 시간이 없다고, 혹은 그 문제엔 관심이 없다고 정중하고 간단하게 설명해라. 알아듣게 설명했는데도 상대가 계속 치근댄다면 대놓고 무시하는 것보다 슬쩍 자리를 피하는 게 더 좋은 방법이다.

어떻게 해야
말문이 트일까?

"순발력이란 24시간이 지나야 찾아오는 것이다"
마크 트웨인Mark Twain 은 이렇게 말했다.
참으로 안타까운 일이다.
예상하지 못한 비난이나 공격에 '즉각' 되갚아주고 싶은데
말이 안 떠오르니 말이다.

08

왜 당하기만 할까?

scene

H가 백화점 점원에게 묻는다. "배터리는 어디에서 팔아요?" 점원이 그를 아래위로 훑어보면서 한심하다는 듯한 말투로 말한다. "한번 생각해보세요. 어디 있겠어요? 당연히 전자제품 매장에서 같이 팔겠죠."

H가 마른침을 삼킨다. 뭐라고 대꾸를 해주고 싶지만, 순간 머릿속이 하얘지면서 아무 말도 안 떠오른다. 하는 수 없이 에스컬레이터에 몸을 싣고 전자제품 매장이 몇 층인지 안내판을 살핀다. 그런데 아무리 생각해도 어이가 없다. '손님한테 그 말투가 뭐냐고 왜 못 따졌을까?' 생각할수록 화가 치민다.

자자, 진정하자. 다들 H의 기분을 너무 잘 이해할 것이다. 이렇게 무례한 응대에 뭐라고 대꾸라도 해야 할 텐데……. 상황을 일거에 정리할 한마디, 가만있지 않겠다는 으름장, 상처 입은 내 자존심을 깨끗이 회복해줄 한마디!

하지만 바로 그 한마디, 절실히 필요한 그 한마디가 도무지 떠오르지 않는다. 적어도 그것이 절실히 필요한 순간에는 말이다. 그래서 어정쩡하게 잘 들리지도 않는 불평을 늘어놓거나, 그마저도 찍소리 못하고 상대방에게 고스란히 당하고 만다. 그랬다가 상황이 종료되고 난 후 그때 이렇게 말할 걸 하고 후회를 한다.

왜 그 순간엔 그 한마디가 떠오르지 않을까? 설사 멋진 대꾸까지는 아니더라도 한마디도 하지 못하고 당하는 것보다는 무슨 말이라도 내뱉는 편이 낫지 않을까? 왜 우리는 그렇게 한심하게 대응하는 걸까? 왜 늘 그렇게 당하기만 하는 걸까?

누구에게나 '그런 일'은 일어날 수 있다. 불행인지 다행인지 그런 일은 나에게만 일어나는 일이 아니다. 거의 모든 사람이 이런 상황을 한 번쯤 겪어보았을 것이다. 평소 순발력이 뛰어나기로 소문이 자자한 사람들도 가끔씩은 어이없이 당할 때가 있다. 이유는 간단하다. 전혀 예상하지 못한 상황이기 때문이다. 기습을 당한 꼴이니 어떻게 해야 할지 종잡을 수가 없는 것이다.

대체로 우리는 기대를 배경으로 삼아 행동한다. 예를 들어 H가 무슨 질문을 해도 친절한 대답이 돌아올 것이라는 기대를 품고 백화점에 들어갔다. 그런데 기대와 달리 점원은 불친절하고 무시하는 듯한 태도로 그를 대했다. 전혀 예상하지 못한 반응이었던 것이다.

이성을 차단시켜라

우리는 경험을 바탕으로 일정한 행동의 틀을 만들고, 그 틀에 따라

거의 자동적으로 움직인다. 즉 반복을 통해 습관을 들이고 이성을 '대기' 운용 상태에 돌입시키면, 이성적으로 꼼꼼하게 따지지 않고도 거의 자동적으로 반응할 수 있게 되는 것이다.

이러한 행동 방식은 재빠른 반응 덕분에 여러 가지 장점이 있다. 갑자기 끼어든 자전거를 번개처럼 빠르게 피해야 하는 자동차 운전자가 오래 생각을 해서야 되겠는가. 거의 무의식적으로 행동해야 위험을 피할 수 있다.

우리의 이성은 새로운 상황이나 이해하기 힘든 상황, 평소의 행동 방식이 먹히지 않아야만 비로소 작동을 시작한다. 그리고 시간과 에너지를 투자해 해결책을 모색한다. 곰곰이 생각하려면 시간과 노력이 많이 든다.

그런데 순발력 있는 대답이 필요한 경우 그럴 만한 시간이 없다. 머리를 쥐어짜서 즉각적으로 대답이 나오기를 기대하지만 기대는 허물어지기 십상이다. 해결책을 찾아야 한다는 압박감이 심할수록 머리는 더더욱 제 기능을 발휘하지 못한다.

TIP

머리를 쥐어짜면 순발력 있는 대답이 나올 것이라는 기대는 잘못되었다. 순발력 있는 대답의 비밀은 바로 철저한 '사전 준비'이기 때문이다.

09

왜 말문이 막힐까?

예상하지 못한 직격탄을 맞게 되면 평소의 행동 방식은 아무 쓸모가 없어진다. 무엇을 어떻게 해야 할지 처음부터 고민을 시작해야하지만 그럴 만한 시간이 없다. 당연히 엄청난 스트레스를 받게 된다. 게다가 스트레스를 받으면 생각의 폭이 좁아진다. 하필이면 생각의 폭을 넓혀서 순발력 있는 대답을 찾아야 할 바로 그 중요한 시점에 말이다.

스트레스를 받으면 '터널 시각tunnel vision'이 형성된다. 다시 말해 생각이 단 2가지 가능성으로 축약되는 것이다. 도망칠 것인가, 아니면 공격할 것인가? 하지만 도망칠 수도, 공격할 수도 없을 때는 어떻게 해야 하는가? 머리는 돌아가지 않고, 이렇다 할 대책은 없고……. 자신이 한없이 무능하고 유약해 보인다. 무엇을 하든 좋은 방법이 아닐 것 같다. 마음이 한없이 움츠러든다.

그런데 신기하게도 이런 부담스러운 상황이 종결되면 갑자기 눈이 확 뜨인다. 그렇게 떠오르지 않던 대답들이 술술 입에서 흘러나온다. 문제는 때가 너무 늦었다는 것!

대처 방법을 고민해보기 전에 일단 그런 상황이 펼쳐진 이유를 살펴보자.

- 기습을 당했기 때문이다. 그와 같은 공격을 전혀 예상하지 못했다.
- 마음이 조급하다. 지금 대응하지 못하면 내 꼴이 말이 아닐 것이다.
- 시간이 부족하다. 아주 빠르게 무엇이든 조치를 취해야만 한다.
- 자존심이 무너졌다. 상대는 강해 보이고, 나는 약해 보인다.
- 익사 신드롬. 그러니까 저항감이 클수록 더 빨리 수면 아래로 가라 앉는다.

자, 원인을 알았으니 해결 방법의 단서도 찾을 수 있지 않겠는가. 지금 바로 시작해보자.

TIP

불쾌한 상황에서 제대로 된 대응을 할 수 없을 때는 어떻게 해야 할까? 적어도 스트레스는 받지 말아야 한다. 최대한 빨리 그 상황에서 벗어나자. 상대방을, 내가 처한 난감한 상황을 잊어버리자. 관심을 나 자신에게 돌리고 마음을 진정시켜라. 그러고 나면 그 상황에서 어떻게 대응해야 했을지 곰곰이 생각해본다. 아마도 다음번에는 훨씬 더 잘 대처할 수 있을 것이다. 삶은 계속되니 말이다.

10

기습에 대비하는 법

첫 번째 단서. 그런 불쾌한 상황에 빠진 건 당신 탓이 아니다. 많은 사람이 다른 사람들은 억울한 상황에 놓이면 속사포처럼 맞받아칠 수 있을 것이라 착각한다. 하지만 실은 그렇지 않다.

기습 공격을 당하면 어쩔 줄 몰라 멈칫거리는 것이 정상이다. 아무리 그 상황이 불쾌해 피하고 싶어도 어쩔 수가 없다. 나만 그런 것이 아니니 문제를 너무 심각하게 받아들이거나 위협으로 느낄 필요가 없다. 한 걸음 물러나 거리를 확보하고, 객관적으로 상황을 바라보려고 노력하자.

'아킬레스건'을 찾아라

기습 공격에 가장 잘 대비할 수 있는 방법은 무엇일까? 바로 그런 상황에 대비해 미리 준비해두는 것이다. 그렇게 되면 기습도 기습적이지 않다. 대응 방법을 알고 있으니 불쾌할 이유도 없다.

하지만 세상사는 뜻대로 안 될 때가 더 많은 법! 일은 우리의 예상과 달리 돌아간다. 세상은 우리를 향해 온갖 기습 공격을 날리고, 그중 대부분은 불쾌한 사건들이다. 그러니 모든 일을 준비하고 대비한다는 건 사실상 불가능하다.

그렇다면 아무 대책도 없이 가만히 있어야 할까? 물론 그렇지 않다. 사전에 대처 방법을 생각해두면 도움이 될 때가 훨씬 많으니 말이다. 만반의 준비를 해놓으면 아무래도 더 당당하게, 다시 말해 더 순발력 있게 대응할 수 있다. 그러니 순발력이란 한마디로 '더 철저한 준비'의 다른 말이라 할 수 있을 것이다.

그럼 혹시 앞에서 이야기한 '열린 자세'와 상충되는 말은 아닐까? 그렇지 않다. 준비와 열린 자세, 이 2가지 덕목은 서로를 보완해준다.

- 한 방법이 성공했다고 해서 그것만 우려먹어서는 안 된다. 표현도 자주 바꾸고 기존과 정반대되는 방법을 시도해보는 것도 괜찮다. 놀이처럼 즐거운 마음으로 임하라.
- 가장 중요하고 가장 발생 가능성이 높은 경우에 집중하라. 당신에게 상처를 주고 싶은 사람들이 선뜻 잡아챌 당신의 '아킬레스건'을 파악해야 한다. 바로 그 부분에서 들어올 공격에 대해 적절한 대답을 고민하라.

불쾌한 언어 공격을 받았을 때 언제 어디서나 써먹을 수 있는 '단골 메뉴'를 마련해두는 것도 좋다. "그건 네 사정이지" 같은 간단한 인스턴트 문장이나 상대를 당황하게 만들 수 있는 유머나 인용구 등을 미리 생각해두면 편리하다.

인스턴트 문장이나 인용구에 대해서는 Step 4에서 좀 더 자세히 살펴보자.

TIP

기습 공격에도 유연하고 열린 자세를 잃지 말자. 그래야 순발력도 더 잘 발휘할 수 있다. 계획하기 어려운 일일수록 뜻대로 되지 않을 확률이 높다. 예상과 다르다고 실망하거나 노여워하지 말자.

11

거리를 확보하라

scene

H가 공손하게 배터리를 어디서 살 수 있는지 백화점 점원에게 묻는
다. 점원이 한심하다는 투로 이렇게 말한다. "생각 좀 해보세요. 어디
가면 배터리가 있을지. 당연히 전자제품 매장에 있지 않겠어요?"

H가 잠시 마음을 다잡더니 이해할 수 없다는 듯 고개를 가로젓는다.
"왜 그런 투로 말을 하는지 이해가 안 가네요. 손님이 배터리가 어디
있는지 정중하게 물었으면 그에 상응하는 대답을 해주는 게 점원의
도리 아닌가요? 이 백화점은 직원 교육을 이런 식으로 하나 보죠?"
말을 마치자마자 몸을 돌려 에스컬레이터 쪽으로 걸어가는 그의 뒷
모습을 점원이 당황한 표정으로 쳐다본다.

언제 어디서나 재치 있게 대응해야 한다는 강박관념을 버려라.
지금 중요한 것은 단 하나뿐이다. 즉 불쾌한 상황에 압도당하지 않
는 것이다. 거리를 확보하려고 노력하라. 행동에 나서려면 먼저 그
상황에서 한 걸음 물러나 자기 자신에게 "잠깐만, 이게 무슨 일이

지?"라고 물어봐야 한다. 이 순간 다른 사람들이 나에게 무엇을 기대할지 같은 건 전혀 중요하지 않다.

자, 이제 어떤 행동을 취할 것인가? 어려운 숙제가 아니다. 이 부담스러운 상황에서 벗어나는 것은 오로지 당신 손에 달렸다. H의 예를 보자. H는 어떤 말을 해야 상대의 코가 납작해질지 고민하지 않았다. 그저 그 순간 머리에 떠오른 생각을 그대로 말로 옮긴 후, 즉각 그 자리를 떠나버렸다. 순발력과 재치가 넘치는 말이라 할 수는 없더라도 어쨌든 당당한 태도였다.

'마음의 충돌 방지 유리막'

'마음의 충돌 방지 유리막'은 독일의 커뮤니케이션 전문가 바바라 베르크한Barbara Berckhan이 처음 사용한 개념이다. 말 그대로 우리가 상처받지 않게 막아주는 마음의 방탄유리인 셈이다. 위험한 상황이 내게 영향을 미치지 못하도록 막아주는 유리막이라고 할까?

불쾌한 상황이 발생할 때마다 유리로 만든 큰 종 안으로 들어간다고 상상해보자. 바깥 상황이 다 들리고 다 보이지만 무슨 일이 일어나도 안전한 곳이다. 누가 주먹으로 종을 쾅쾅 쳐대도 워낙 튼튼해서 끄떡도 없다. 그 안에 있으면 당신은 안전하고 편안하다. 무슨 일이 있어도 당당하고 주체적일 수 있다.

점심시간, 회사 앞 카페에 동료 직원들이 모여 있다. I가 동료들과 합석을 하자 한 동료가 다른 동료에게 이렇게 묻는다. "I와 물 한 잔의 차이점이 뭘까?" "글쎄, 모르겠는데." "물 한 잔은 누구에게나 필요하지만 I는 누구에게도 필요하지 않다는 게 다르지." 동료들이 웃음을 터트린다. 그 순간 I가 얼굴색 하나 변하지 않고 말한다. "별로 재미없는데."

I 역시 그리 재치 있게 대응하지는 못했다. 하지만 당당한 태도를 잃지는 않았다. '마음의 충돌 방지 유리막' 속으로 들어갔기에 동료의 농담에 전혀 상처를 입지 않았다. 게다가 아무 말도 못하고 얼굴이 빨개지는 약한 모습을 보이지 않았다.

이렇게 불쾌한 상황을 겪기 전에 미리 '마음의 충돌 방지 유리막'으로 들어가는 연습을 해보자. 상대적으로 긴장이 덜할 때 연습하는 것이 좋다. 어떤 모양이든 상관없다. 유리종이거나 방탄복이거나 방패거나, 각자 편할 대로 마음의 보호막을 상상해보자. 단, 최대한 구체적으로 상상해야 한다.

그리고 상상한 마음의 보호막을 적당한 대답이나 문장과 연결지어보자. 보호막을 떠올릴 때마다 그 문장이 자동적으로 떠오를 수 있도록 계속 연습해보자. 그러다 보면 불쾌한 상황이 발생할 때 즉각 보호막을 작동시켜 자동적으로 공격에 대응할 문장을 떠올릴 수 있게 될 것이다.

무사히 넘긴 위기 상황이 있었는가? 그 상황을 한번 떠올려보자. 어떤 일이 있었는가? 당시 당신의 마음은 어땠는가? 다시 한번 그 감정을 되살려보자. 그와 동시에 마음의 방어막을 상상하고, 필요할 때마다 나 자신에게 용기를 북돋을 수 있는 적절한 문장을 찾아보자. 예를 들어 "난 안전해", "나하곤 상관없어" 같은 문장 말이다. 앞으로 방어막을 상상할 때마다 이런 문장이 자동적으로 같이 떠오르도록 자주 반복해 연습해보자.

12

"나는 이 상황을
심각하게 받아들이지 않습니다"

scene

배터리를 어디서 살 수 있느냐는 H의 질문에 점원이 한심하다는 투로 대답한다. "생각 좀 해보세요. 배터리가 어디 가면 있을지. 당연히 전자제품 매장에 있지 않겠어요?" H가 멈칫하더니 씩 웃으며 말한다. "좋아요. 전자제품 매장이 어디 있는지 가르쳐줘요. 그럼 안 잡아먹을 테니."

유머는 불쾌한 상황을 모면하는 아주 멋진 방법이다. 유머를 통해 상대와의 거리를 확보할 수 있고, 상대에게 당신의 공격이 나에게 효과를 전혀 발휘하지 못했다는 사실을 알릴 수도 있다. 심지어 상대를 웃게 만들 수도 있다. 모두가 흐뭇한 결말이 아닌가.

하지만 유머를 구사하려면 나 자신이 유쾌하고 편한 마음이어야 한다. 도망치고 싶을 만큼 견딜 수 없는 상황에서 유머를 던질 수 있는 사람이 몇이나 되겠는가.

따라서 유머러스한 대응의 첫 번째 조건은 상황에 압도당하지 않아야 한다는 것이다(마음이 충돌 방지 유리막). 그다음으로는 재미있는 말이 따라와야 한다. 상황을 한 번 더 비틀어 상대에게 '나는 이 상황을 심각하게 받아들이지 않는다'는 것을 알려야 한다.

이는 자기 머리 꽁지를 잡고 늪에서 빠져나왔다는 뮌히하우젠 남작(Münchhause, '허풍쟁이 남작'이라는 별칭으로 더 유명하다. 뮌히하우젠 남작의 모험담을 소재로 한《허풍선이 남작의 모험》이 출간되기도 했다)의 원칙과 유사하다. 즉 불쾌한 상황에서도 웃을 이유를 찾아내서 상황을 모면하는 것이다.

그리고 그런 상황에서 웃음을 찾아내는 방법으로는 크게 3가지가 있다.

- 기분을 밝게 만들려고 노력해보자. 재미있었던 일, 웃기는 이야기, 유머 등 웃을 수 있는 소재를 떠올려보자.
- 지금 처한 상황에서 웃긴 점을 찾아본다. 가령 H가 백화점에 들어가서 점원에게 공손하게 질문을 했다가 된통 당한 상황에서 '내가 점원인지 저 사람이 점원인지 헷갈리네'라고 생각하면 웃음 지을 수 있을 것이다. 어이없어서라도 말이다.
- 상황을 상상으로 재미있게 바꾸어보자. 아니면 상대를 귀여운 동물이나 빨간 코를 단 피에로라고 상상해보는 것도 괜찮다. 그러다 보면 납덩이처럼 차갑고 딱딱한 상대방도 편안하게 느껴질 것이고, 재미있는 아이디어도 떠오를 것이다.

유머로 대응하라고 해서 멋진 유머를 구사해야 한다거나 상대방을 웃겨야 한다는 뜻이 아니다. 그런 강박관념이 오히려 당신의 입을 더 막을 수 있다. 우리가 지금 개그맨 공채시험을 보려고 준비하고 있는 게 아니지 않은가. 지금 중요한 건 상대방을 웃기는 게 아니다. 상대방에게 '나는 이 상황을 심각하게 받아들이지 않는다'는 것을 보여주면 그뿐이다.

13

약간의 악의도 필요하다

상대의 공격에 맞서야 하는 상황에서 항상 공손하게 예의를 지킬 수는 없다. 상대가 나를 공격하는데 "아, 네!" 하고 고개 숙여 인사하고 싶은 사람이 어디 있겠는가.

때에 따라서는 '웃음기 하나 없는 방법'이라도 좋다. 상대에게 내가 당신의 발언을 불쾌하게 생각하고 있으며, 상대가 나를 짓밟도록 가만히 있지 않겠다는 뜻을 전달해야 한다. 이럴 때는 유머를 섞는답시고 괜히 어설픈 농담을 던졌다가 오히려 상대방에게 얕보일 수 있다.

마음의 여유가 있어서 순발력을 발휘하고 싶다면 이 방법을 권한다. 즉 상대의 약점을 냉정하게 지적하거나, 상대를 웃음거리로 만들어 나의 자존심을 회복하는 방법이다. 당연히 약간의 악의가 가미된다.

scene

점원이 H에게 대꾸한다. "생각 좀 해보세요. 배터리가 어디 가면 있을지. 당연히 전자제품 매장에 있지 않겠어요?" H가 대답한다. "그쪽이나 생각 좀 해보셔야겠네요. 이 백화점에선 어디 가야 친절한 점원을 살 수 있죠?"

그렇다고 너무 쉽게 생각하지 마라. 악의를 섞은 공격은 생각 이상으로 힘들다. 특히 직장에서는 더하다. 물론 그럴 만한 이유가 있다. 일반적으로 주변 사람들에게 친절하고 공손하며 예의를 갖춘 사람이 직장 생활을 하기에는 훨씬 유리하다. 또 설사 직장에서는 개인적으로 마음에 안 드는 사람이라 해도 겉으로는 예의를 갖추는 편이 여러모로 낫다.

그렇지만 대인관계에 문제가 있는 무례한 사람에게는 엄중하게 항의할 줄도 알아야 한다. 악의를 양념으로 살짝 곁들인 순발력 있는 대답으로 한 번씩 코를 납작하게 만들어줄 필요가 있다. 때에 따라서는 그런 행동이 주변 사람들에게도 도움이 된다. 무조건 예의를 지킨다고 상황이 좋아지는 것도 아니다. 오히려 너무 예의를 지켜서 상황이 악화될 때도 적지 않다.

그렇다면 천성적으로 마음이 약해 악의 있는 대응은 절대 못 하거나 적당한 말이 떠오르지 않을 때는 어떻게 할까? 그럴 때는 이런 표현으로 응수해보자. "제가 워낙 예의범절이 바른 사람이다 보니, 뭐라고 드릴 말씀이 없네요." 그러고는 고개를 획 돌리고 가버리는 것이다. 뒤도 돌아보지 말고.

평소 당신이 친절하고 다정한 동료라는 평가를 받는다면 약간의 악의가 섞인 발언으로 제법 큰 효과를 거둘 수 있을 것이다. 다들 당신이 그런 말을 할 줄은 생각도 하지 못했을 테니. 충격과 감동은 그만큼 더 클 것이다. 당신 스스로도 자신의 색다른 면모에 놀라게 될 것이고, 자신감을 더 키울 수 있을 것이다.

14

반격의 정당성

순발력 있는 대답은 종종 친절하지 않은 편이다. 심할 때는 상대가 모욕감을 느끼거나 화를 낼 수도 있다. 그렇다고 해서 순발력 있는 대답이 막된 행태라고 깎아내릴 수는 없다. 그런 대답에 섞인 어느 정도의 악의는 그 자체가 목적이 아니기 때문이다. 그러므로 그 악의는 누가 봐도 정당해야 한다.

- **실용적 정당성:** 실질적으로 정당해야 한다. 다시 말해 악의 있는 표현, 날카로운 대답이 상황에 비추었을 때 충분히 이해되어야 한다.
- **예술적 정당성:** 예술적으로도 정당해야 한다. 즉 대답을 살짝 멋있게 '포장'해야 한다. 거칠고 투박한 역공격은 순발력 있는 사람으로서의 인상을 남기지 못한다.

실용적 정당성: 뻔뻔하기만 해서는 안 된다

순발력은 말재주가 없는 사람들에게 비열하게 상처 주는 데 쓰이는 것이 아니다. 단지 상대방을 짓밟기 위해 타고난 유머 감각을 남발하는 것도 순발력의 나쁜 예다.

scene

J가 중요한 서류를 잃어버렸다. 상사인 K가 J와 함께 서류를 찾고 있는데, J의 책상 주변이 온통 난장판이다. 보다 못한 K가 한마디한다. "너무 정신이 없네요. 앞으로는 정리 정돈에 신경을 써야겠어요." 그러자 J는 샐쭉한 표정으로 이렇게 대답한다. "정리 정돈은 게을러 찾기 싫어하는 사람들이나 하는 거랍니다."

이때 J의 대답은 순발력 있는 대답이 아니라 뻔뻔한 대답이다. 지금 상황에서 그는 상사의 호의와 조언을 무시할 '실질적인 정당성'이 전혀 없다. 오히려 중요한 서류를 잃어버린 부하 직원에게 정리 정돈을 잘하라는 상사의 조언이 훨씬 정당하다. 상사의 질책을 말장난으로 넘기려는 그의 뻔뻔함은 바람직한 태도라 할 수 없다.

scene

J가 자리에 앉아 일하고 있다. 마침 그 옆을 지나가던 동료가 한마디 던진다. "J, 책상이 폭탄 맞았네. 대체 언제 청소하고 안 했어요?" J가 어이없다는 표정으로 말한다. "정리 정돈은 게을러 찾기 싫어하는 사람들이나 하는 거라네요."

이 상황은 아까와는 전혀 다르다. 그냥 지나가면 될 사람이 쓸데없이 동료의 약점을 건드린다. 자기와는 아무 상관도 없는데 말이다. 이때 J의 대꾸는 살짝 부드러운 표현을 사용하기는 했지만 한마디로 '네 일이나 잘해!'라는 뜻이 담겨 있다.

TIP

상대의 비난이나 지적이 정당하다면 순발력을 자제하는 편이 좋다. 평소라면 주변의 호의를 얻을 만한 재치 있는 말도 뻔뻔하게 느껴질 수 있기 때문이다.

예술적 정당성: 약간의 우회가 필요하다

순발력을 갖추라는 말은 부당하게 공격당했을 땐 역공을 해도 좋다는 의미다. 그러나 막무가내식 공격은 바람직하지 않다. 순발력 있는 대답은 일정 정도의 재치와 창의력을 갖추어야 한다.

순발력 있는 대답은 듣는 사람에게 약간의 충격을 줘야 효과적이다.

물론 너무 큰 충격은 금물이다. 상대의 공격 수준에 따라 역공격의

수위와 창의성도 조절해야 한다. 상대의 공격이 거칠고 비열할수록

대답의 '예술적' 수준도 낮아지게 마련이다.

15

지금 말하거나, 영원히 침묵하거나!

순발력을 논할 때 절대 놓쳐서는 안 되는 것이 있다. 즉각적인 대응이 바로 그것이다. 상대의 공격에 반사적으로 대응해야 한다. 고민하고 생각할 시간이 없다. 몇 초 안에 답을 못할 것 같으면 그냥 있어라. 지금 말하거나, 영원히 침묵하거나! 제아무리 멋진 대답도 때가 늦으면 소용이 없다.

괜히 멋 부리지 마라. 순발력이 곧 말재주를 의미하는 것은 아니다. 당신의 유머가 좀 투박하고 재미없어도 좋다. 당장 사람들의 폭소를 자아내지 못해도 좋다. 재미가 좀 없으면 어떤가? 다시 말하지만 우리는 지금 개그맨 공채시험을 준비하는 것이 아니다. 중요한건 신속하고 정확한 효과 있는 대응이다.

또 하나 잊지 말아야 할 점은 무슨 일이든 너무 무리해서는 안된다는 것이다. 순발력 있게 반격하고 싶다고 해서 처음부터 너무무리하지 마라. 또한 오늘의 반격이 생각보다 수준이 낮았다고 해서 기죽을 필요도 없다.

특히 상대의 공격이 난폭했다면, 무슨 말이든 대꾸를 해주었다는 사실만으로도 대단한 것이다. 꿔다 놓은 보릿자루처럼 한마디도 못한 것보다야 뭐라도 대꾸를 한 게 어딘가. 스스로 장하다고 칭찬하는 것이 마땅하다.

어느 정도 뻔뻔해도 되나?

당신의 반격이 얼마나 유머러스하게, 혹은 얼마나 공격적으로 보일지는 상황에 달려 있다. 그러니 상황을 파악하는 감각을 길러야 한다. 다음의 여러 요인에 주목해 응답의 강도를 결정하자.

- **공격의 세기:** 악의 없는 농담에까지 예민하게 대응할 필요는 없다. 상대가 당신을 편하게 생각해 농담을 던졌는데 당신이 심각하게 반응한다면 상대가 얼마나 당혹스럽겠는가. 하지만 상대의 말에 분명한 악의가 담겨 있다면, 그에 상응하는 반격을 취해야 한다.
- **상대의 유머 감각:** 무슨 말이든 유머로 생각할 줄 모르는 진지한 유형이 있다. 그런 사람은 조심스럽게 대해야 한다. 상대가 유머 감각이 뛰어난 경우에도 유머로 반격했을 때 소기의 성과를 거두기 어렵다.
- **상대의 상황:** 나보다 지위가 낮은 사람에게 반격할 때는 상처가 될 만한 말을 자제하는 것이 좋다. 최대한 부드럽고 유머러스한 표현을 택하자. 그게 페어플레이다. 반대로 상대의 지위가 나보다 높은 경우에는 과하게 배려하지 않아도 된다.

- **종속 관계:** 나에게 의존하는 사람에게는 이성적으로 자제할 필요가 있다.
- **주변 사람들:** 사람들이 많이 있는 자리에서 공격과 반격이 오갈 때는 무엇이 더 중요한지를 판단해야 한다. 주변 사람들의 호감을 얻는 것이 더 중요한가? 아니면 설전을 벌이고 있는 상대와의 관계 설정이 더 중요한가?

scene

쌀쌀맞기로 소문난 L이 부하 직원을 불러놓고 야단친다. "그러니까 최근 들어 회사를 위해 일한 흔적이 하나도 없단 말입니다." 부하 직원은 속내를 알 수 없는 표정으로 상사의 얼음장 같은 얼굴을 향해 이런 공격을 날린다. "부장님 뜻을 거스르지 않으려고 노력하다 보니 그렇게 됐습니다."

아무 잘못이 없는 사람에게 그저 상처를 주려는 목적이라면 어떤 행동이나 말도 순발력이 있다고 할 수 없다. 다시 한번 강조하지만, 순발력은 타인을 괴롭히고 나의 우월함을 과시하는 수단이 아니다. 또한 순발력은 야비하고 비열한 목적을 실현하기 위한 수단도 아니다.

TIP

순발력은 당당하게 나를 지키고 자신감을 회복하는 수단이어야지 타인에게 겁을 주는 도구로 써서는 안 된다. 잘난 척하고 약자를 괴롭히는 사람을 좋아할 사람은 세상에 없다. 그러나 바로 그런 비열한 인간을 순발력으로 물리친다면 만인의 호의는 당신의 것이 된다.

말보다 강력한
신체언어를 활용하라

상대의 공격에 할 말 다하며 응수하기 위해서는
신체언어도 적절해야 한다.
목소리 역시 말의 영향력을 눈에 띄게 높일 수 있다.

16

몸도 같이 말한다

scene

"안녕하십니까? 이번에 저희가 개발한 혁신적인 샤워 꼭지를 소개해 드릴까 합니다. 직접 체험해보시면 만족하실 겁니다." 박람회장 부스에서 M이 소리 높여 외친다. 하지만 아무도 M의 말에 귀 귀울이지 않는다. 왜 그럴까? M은 팔짱을 끼고 카탈로그가 널려 있는 책상에 기대어 앉아 있다. 관람객이 지나갈 때마다 안내 책자를 흔들며 소리 높여 외치지만 아무도 관심이 없자, 목소리에도 점점 힘이 빠진다.

사실 새로운 이야기가 아니다. 말의 내용만 중요한 게 아니라 말하는 방식, 즉 '어떻게'도 아주 중요하다는 것 말이다. 그리고 이 '어떻게'는 신체언어(표정이나 제스처)가 아주 결정적인 역할을 한다. M처럼 부스에 죽치고 앉아 있는데, 누가 그의 제품에 관심을 보이겠는가? 신체언어는 우리의 말을 떠받치고 있는 기초다. 기초가 부실하면 그 위에 올려져 있는 것도 부실할 수밖에 없다.

사람들은 신체언어를 통해 자기 자신의 의도를 표현한다. 그런 의미에서 신체언어 자체보다는 신체언어로 전달하고자 하는 내용이 중요하다. 그러나 신체언어는 우리가 말하려는 것을 몸으로 구현해낼 뿐이다. 즉 우리의 말에 표현—설득력 있는 표현이면 더할 나위 없이 좋고!—을 부여한다.

신체언어는 말에 악센트와 뉘앙스를 주고 말의 강도를 조절하며 신빙성을 부여한다. 내가 그 사안에 관심이 있는지, 아니면 내 인내심이 바닥이 났는지를 상대방에게 알려주고, 왜 꼭 이 대목에서 내가 말을 하고 싶은지, 혹은 이래도 좋고 저래도 좋은 심정인지 등등을 전달해준다.

이런 식으로 우리는 매일 신체언어를 사용하지만, 그 신체언어의 설득력은 우리가 고민을 덜 할수록 높아진다. 의식적으로 사용하는 신체언어는 왠지 뻣뻣하고 인위적인 느낌, 억지스러운 느낌이 들기 때문이다.

때론 몸은 우리를 배신한다

우리는 쉬지 않고 몸으로 신호를 보낸다. 물론 스스로는 그 신호의 대부분을 의식하지 못한다. 이 책을 읽기 전에 어떤 자세를 취하며 읽을지 고민한 독자가 몇이나 있을까? 그럼에도 우리는 늘 신체언어를 이용해 무언가를 표현한다.

물론 노력하면, 다시 말해 그 신호에 대해 깊이 생각한다면, 내가 원하는 방향으로 신호를 조절할 수 있을 것이다. 하지만 내 뜻대로 통제가 안 되는 신호도 많다. 아니, 오히려 조절하려고 애쓸수록 더 더욱 제멋대로인 신호도 많다. 다음 장면처럼 말이다.

scene

N은 난생처음으로 회사 심포지엄에서 프레젠테이션을 하게 되었다. 그는 너무 긴장한 나머지 정신이 아득해진다. 이마엔 땀방울이 맺히고 심장은 당장이라도 튀어나올 것처럼 쿵쾅거린다. 그런데 웬걸, 빔프로젝터를 켜니 화면은 감감무소식이다. 얼굴이 화끈 달아오르고 손이 덜덜 떨린다.

신체언어는 언어의 기초다. 우리가 말로 표현하는 그 어떤 것보다 원초적이고, 따라서 더 설득력 있다. 입으로는 "엄청나게 충격받았어"라고 하면서도 전혀 충격받은 표정이 아니라면, 상대방은 그 말을 믿지 않을 것이다. 오히려 아무 말도 하지 않고 멍하니 땅만 쳐다보고 있는 사람이 더 충격받아 보일 것이다.

신체가 보내는 신호에 예민해질 필요가 있다. 일상생활에서 나와
상대의 작은 제스처, 자세, 손동작에 집중해보자. 좋아하는 영화나
드라마의 주인공들이 대화하는 장면에서 소리를 끄고 신체언어를
보면서 과연 그 사람들이 어떤 대화를 나누었을지 추측해보자. 소리를
키워 다시 그 장면을 보면서 나의 추측이 맞았는지 점검해보자.

17

자세만으로
상대의 메시지를 읽는 법

내가 전달한 메시지가 상대에게 정확하게 전달될지 그렇지 못할지는 자세만으로도 알 수 있다. 앞의 M처럼 팔짱을 끼고 기대어 앉아 있으면 '오지 마!'라는 신호다. 그러니 그의 부스를 아무도 찾지 않는 것은 당연한 일이다. 반대로 팔을 활짝 벌리고 상대에게 다가가는 TV 쇼 프로그램 MC들의 자세는 당연히 '환영한다', '초대한다'는 의미로 해석된다. 물론 이때도 적절한 수준이 중요하다. 과장된 제스처는 상대에게 부담을 줄 수 있으니 말이다.

적절한 긴장

자세는 정적이지 않다. 다시 말해 상대의 자세를 올바르게 해석하려면 움직이는 몸을 바라봐야만 한다. 몸동작이 얼마나 뻣뻣한가, 유연한가? 느긋한가, 아니면 허둥거리는가? 부드럽고 섬세한가, 아니면 둔한가? 과장되었나, 아니면 위축되었나?

설사 꼼짝도 하지 않고 막대기처럼 뻣뻣하게 서 있는 사람을 봐도 우리는 은연중에 그의 자세에 대해 이런저런 해석을 덧붙인다.

상대가 얼마큼 긴장을 하고 있는지도 아주 중요한 정보 중 하나다. 물론 '긴장의 적절함' 정도는 상황에 따라 달라진다. 눈앞에 있는 강사가 젖은 솜처럼 축 늘어져 있으면 청중에게 감동을 줄 수 있겠는가. 그런 강사는 강의 내용과 관계없이 청중의 흥미를 유발하지 못한다. 반대로 상대가 너무 긴장해 있으면 보는 사람의 마음도 불안해진다. 에너지를 잘못된 곳으로 방출하고 있기 때문이다.

직장에서는 중간이나 살짝 과하다 싶을 정도의 긴장이 적절하다. 긴장이 너무 풀려 있으면 동기 부족이나 의욕 부족으로 보이고, 긴장이 과하면 초보자 같아 보이기 때문에 상사나 동료들에게 좋은 인상을 줄 수 없다.

마음의 자세

scene

M이 부스에 서 있다. 발이 한 시도 땅에 안 붙어 있고 동에 번쩍 서에 번쩍 한다. 왼손에 안내 책자를 들고, 흔들어댄다. "안녕하십니까?" 그가 웃으며 관람객에게 인사를 건넨다. "이번에 저희가 개발한 혁신적인 샤워 꼭지를 소개해드리려고 합니다." 관람객도 따라 웃는다. "직접 체험해보시면 확실히 만족하실 겁니다." M이 환하게 웃으며 장담한다. "정말요? 기대되는데요." 관람객이 웃으며 부스 안으로 들어간다.

어떤 감정이든 우리는 그 감정을 신체언어로 표현하게 마련이다. 신체언어를 보고서 그 사람에 대해 특정한 이미지를 갖게 되기도 한다. 거꾸로 이런 신체언어나 자세가 마음과 감정에 영향을 미칠 수도 있다.

스트레스받는 상황을 한번 상상해보라. 마음이 불안하면 몸은 긴장되고 호흡이 가빠지고 입술은 바짝바짝 마른다. 그럼 마음이 더 불안해져서 좀처럼 말이 입 밖으로 나오지 않는다. 다행스러운 것은 이 과정이 정반대로도 가능하다는 사실이다. 다시 말해 마음이 안정되면 몸의 긴장도 풀리고, 몸의 긴장이 풀리면 마음이 더욱 편안해진다.

---

scene

N은 기분이 좋다. 오늘 회의에서 발표할 프로젝트 계획서가 스스로가 보기에도 아주 흡족하기 때문이다. 그는 당당한 자세와 자신감 넘치는 표정으로 연단을 향해 걸어간다. 발표하는 동안에는 청중을 쳐다보며 반응을 살핀다. 다들 호의적이다. 그러자 자신감이 더 생긴다. 목소리는 더 커지고 미처 생각하지 못했던 좋은 표현들이 입에서 술술 흘러나온다. 스스로가 들어도 자신의 말이 설득력 있다.

요컨대 이는 우리의 신체 자세가 우리의 느낌과 생각, 경험에도 영향을 미칠 수 있다는 의미다. 기억해둘 필요가 있다.

18

제스처로 설득하려면

제스처로 강조를 하면, 즉 손을 잘 사용하면 말의 효과를 훨씬 높일 수 있다. 아주 드물지만 말의 내용이 양쪽 모두가 반박할 수 없을 정도로 확실하거나 대꾸조차 하기 싫은 부당한 공격일 때 제스처로 말을 대신할 수도 있다.

하지만 그런 제스처는 될 수 있는 대로 쓰지 않는 것이 좋다. 그보다는 말의 내용을 강조하거나 부연 설명할 수 있는 제스처가 훨씬 더 말의 효과를 높일 수 있다. 그러니까 중요하게 말하고자 하는 핵심 부분을 적절한 제스처를 통해 강조하는 것이다.

그런데 과연 적절한 제스처란 무엇인가? 이는 쉽게 대답할 수 있는 사안이 아니다. 같은 제스처라도 나라마다, 문화마다 해석이 달라질 수 있기 때문이다. 또한 제스처를 많이 쓰는 문화권이 있는가 하면, 과도한 제스처를 경박하거나 무례하다고 생각하는 곳도 있다.

제스처의 3가지 차원

독일의 커뮤니케이션 전문가 나디네 크모트Nadine Kmoth는 제스처의 3가지 차원을 이렇게 구분했다.

- **상위 차원, 즉 머리 높이의 제스처:** 상대에게 신뢰를 구하거나, 존경하는 상대와 같이 있는 자리에서 이런 제스처를 취한다. 또 절절하게 호소할 때도 손을 머리 높이로 치켜든다.
- **중간 차원, 즉 가슴과 배 사이의 제스처:** 과도하지 않은 중립적인 제스처로, 객관적인 강조나 크게 중요하지 않은 사안 등을 말할 때 이 제스처를 쓴다.
- **하위 차원, 즉 엉덩이 높이의 제스처:** 정서적으로 별로 관심이 없을 때, 혹은 상대를 무시할 때 사용한다.

독일의 행동연구가 피터 콜레트Peter Colette가 'tells'라 부른 제스처는 아주 흥미롭지만 동시에 위험하다. 그 제스처가 사용자에 대해 무언가 '이야기하기' 때문이다. 그는 그런 제스처를 '폭로성 제스처'라 부른다. 예컨대 손가락을 입에 대는 건 방금 자신이 한 말이 거짓말이라는 의미일 수 있다. 어깨를 으쓱하거나 머리를 흔드는 등의 불확신 제스처나 주먹을 쥐거나 멱살을 잡는 등의 폭력 제스처역시 화자에 대해 의도 이상의 많은 사실을 폭로한다. 집게손가락을 사용하는 것도 잘난 척하는 인상을 풍길 수 있으므로 위험하다.

상대방의 신뢰를 얻고 싶을 땐 손바닥, 팔의 안쪽 등 신체의 '부드러운' 부분, '연약한' 부분을 상대에게 보여주는 것이 좋다. 팔짱을 껴서 가슴이나 배를 가리는 것은 금물이다. 반대로 상대를 거부하고 싶을 때는 '딱딱한' 부위, 즉 손등, 팔의 바깥쪽, 팔꿈치, 어깨 등을 보이면 된다.

19

상대의 얼굴을 '읽는' 기술

얼굴은 마음의 거울이다. 상대의 얼굴을 쳐다보면 상대의 마음속에서 어떤 일이 일어나고 있는지 대충 짐작할 수 있다. 사실 인간은 상대의 얼굴을 '읽는' 전문가들이다. 섬세한 변화도 놓치지 않고 그 의미를 정확하게 해석할 수 있다.

실제로 많은 사람이 상대의 거짓 미소를 진짜 미소와 구분해낸다. 물론 그 차이가 어디에 있는지 말로 다 설명은 못 하더라도. 또 아무리 노력해도 억지 미소를 짓지 못하는 사람들이 있다. 마음은 굴뚝같지만 입 주위의 특정 근육들이 움직이지 않는 것이다.

'겁먹은 얼굴'을 보이지 마라

누군가로부터 공격을 당할 때 가장 조심해야 할 것은 너무 놀라 표정 관리가 안 되는 상황이다. 그런 상황에서는 순발력 있는 대답이 떠오를 리 만무하다. 기껏해야 기어들어 가는 소리로 웅얼거리다가 그마저도 그만둘 것이다.

휘둥그레 뜬 눈에 눈썹을 치켜들고 입꼬리를 축 늘어뜨린 데다 입까지 꽉 다물면 영락없이 '겁먹은 얼굴'의 완성형이다. 그럴수록 몸과 마음은 더 얼어붙을 테고, 당신을 공격한 상대는 제대로 한 방 먹였다는 승리감에 희희낙락할 것이다.

> **TIP**
>
> 부당한 공격을 당했을 땐 절대 억지 미소로 상황을 모면하려 하지 마라. 예상외로 그렇게 하는 사람이 많지만, 효과로 따지면 최악이다. 독일의 감정연구가 파울 에크만Paul Ekman은 그런 웃음을 '불쌍한 미소'라고 불렀다. 그것은 무력함의 표현이기 때문이다.

상대의 눈을 쳐다보라

말을 할 때는 상대를, 그중에서도 특히 상대의 눈을 쳐다보라. 그래야 상대와 나 사이에 다리가 놓인다. 그렇게 하지 않으면 나의 메시지가 상대에게 가닿을 수 없다. 상대의 눈을 쳐다보지 않는 것은 상대가 너무 싫어 상대를 아예 없는 사람인 양 무시하고 싶거나, 상대가 너무 강해서 감히 쳐다볼 수 없을 정도로 무섭다는 의미로 해석된다.

그러므로 순발력 있는 대답으로 응수할 땐 더더욱 상대의 눈을 쳐다봐야 한다. 그러지 않으면 대응의 효과가 떨어진다. 상대가 예상보다 세지 않다는 것도 상대의 눈을 쳐다봐야 비로소 확인할 수 있다.

자, 상대의 공격에 대응하려면 먼저 상대의 시선을 찾아라. 상대의 눈을 똑바로 쳐다봐라. 그렇게만 해도 상대를 무장해제시킬 수 있다. 이때 상대가 당신의 눈길을 피하면 이미 절반은 이겼다고 봐도 좋다.

이제 상대를 향해 순발력 있는 대답을 날려보자. 말을 할 때도 당연히 상대를 쳐다봐야 한다. 말이 끝나면 눈길을 거둔다. 상황에 따라서는 몸까지 돌려버려라. '상황 종료!'를 알리는 신호다.

20

'초콜릿 톤'을 찾아라

목소리가 불안하게 떨리면 아무리 좋은 연설도 감동적이지 않은 법이다. 반대로 차분하고 자신 있는 목소리나 말투라면 어떤 말을 해도 강하고 당당해 보인다.

안타깝게도 목소리가 듣기 불편하면, 아무리 좋은 말도 감동을 주기 어렵다. 목소리가 너무 세거나 가늘거나 쇳소리가 나거나 낮거나 우물거리면, 제아무리 순발력 넘치는 대답도 효과가 격감되는 법이다. 또한 또렷하게 큰 소리로 말하는 게 전부가 아니다. 전달할 내용을 목소리로 '물들여야' 한다. 예상외로 목소리는 많은 가능성을 만들어준다.

예컨대 생각할수록 기분 나쁜 말인데도 달콤한 말투로 포장하면 상대가 못 알아차릴 수 있다. 상대에 대한 비난도 유머로 위장하면 상대는 적어도 그 순간만큼은 딱히 대응하기가 어려워 속아넘어간다. 별말 아닌데도 아주 진지한 말투로 이야기하면 상대의 표정도 덩달아 심각해진다.

문제는 목소리의 힘을 활용해 상대의 공격에 저항할 수 있는 사람이 그리 많지 않다는 것이다. 대부분의 사람은 공격을 받으면 그로 인한 스트레스로 몸이 경직되기 때문이다. 목소리만 괜히 높아져 '쨱쨱'거리거나 '멍멍'거리게 된다. 소리만 컸지 실속이 없는 것이다.

순발력 있는 대답의 소리는 다르다. 크지도 작지도 않고, 높지도 낮지도 않다. 소위 '초콜릿 톤'이라는 것인데, 공격이나 방어를 할 때 성공 확률이 가장 높다. '초콜릿 톤'이란 목소리는 부드럽지만 적당한 힘이 실린 최적의 음높이를 말한다. 이 음높이로 말할 때 목소리는 공명이 가장 크다. 물론 사람마다 신체 구성이 다르므로 '초콜릿 톤'도 다 다르다.

나의 '초콜릿 톤'을 찾아보자. 손을 가슴에 얹고 길게 "오오오오"라고 외치되, 낮은음에서 시작해 음높이를 계속 높여본다. 손에 느껴지는 진동이 가장 강한 소리가 바로 나의 '초콜릿 톤'이다.

투박한 매력의 사투리

사투리 때문에 콤플렉스를 느끼는 사람들이 의외로 많다. 애써 표준말을 써보지만 그게 더 억지스럽고 어설프다. 물론 이해는 간다. 상대가 내 말을 못 알아들어 대화를 이어가는 데 어려움을 겪을 수도 있고, 사투리 때문에 놀림감이 될 수도 있다.

하지만 사투리면 어떤가! 때로는 사투리가 분위기를 부드럽게 만들어줄 수도 있고, 표준어로 표현할 수 없는 미묘한 감정 변화를 정확하게 집어낼 수도 있다.

특히 순발력을 요하는 상황에서는 사투리가 더 큰 효과를 발휘할 수 있다. 맛깔스러운 시골 음식처럼 구수한 사투리로 상대의 공격을 빈틈없이 막아내보자. 상대의 공격에 맞대응을 하는 결정적 순간에는 상대가 잘 알아들을지 하는 걱정은 다음 문제다.

말할 때 호흡이 중요한 이유

호흡은 목소리의 척추에 해당한다. 우리는 숨을 내뱉을 때 말을 한다. 숨을 들이쉴 때는 말이 끊어진다는 소리다. 그러므로 숨을 언제 어디서 들이쉬고 내쉬는지에 따라 말의 흐름이 결정된다. 호흡이 긴 사람은 말도 길게 할 수 있다. 긴 호흡, 안정된 호흡, 깊게 들이쉬고 내쉬는 호흡이 가장 좋은 호흡이다.

그런데 흥분을 하면 정반대 현상이 나타난다. 흥분 때문에 호흡이 가빠지고 숨을 헐떡거린다. 그 때문에 다시 흥분의 정도는 더욱 심해지고 두려움도 점점 더해지는 것이다. 이러한 악순환에 빠지지 않는 것이 중요하다. 상대의 공격을 받고 이에 곧바로 반격해야 하는 순간에 흥분부터 하면 필패하는 이유가 여기에 있다.

스트레스를 받는 상황에서는 호흡에 집중하라. 의식적으로 길게, 편안하게 호흡을 해보자. 뜻대로 안 되면 일단 폐에 들어 있는 모든 공기를 최대한 내뱉은 다음, 몸이 알아서 공기를 들이쉬도록 호흡을 몸에 맡겨라. 차츰 스트레스가 해소된다.

해야 할 말,
하면 안 되는 말

지금부터는 순발력을 키우기 위한 실전 연습을 해보자.
아주 간단한 방법부터 해볼 것이다.
가령 고도의 기술을 가미하지 않아도
실전에서 효과가 높은 몇 가지 방법 같은 것 말이다.

21

딱히 떠오르는 말이 없을 때

scene

O가 사무실 화분에 물을 주고 있다. 동료가 지나가다 뼈 있는 농담을 던진다. "저런, 사무실 꽃 담당 원예사로 좌천됐나 봐." O는 이렇게 대답한다. "한마디해주고 싶지만, 적당한 말이 떠오르질 않아서 그만두겠어. 지금 읽고 있는 순발력 책 진도가 아직 1장이라서 말이야."

O의 대답이 순발력이 번득이는 재치 있는 대답은 아닐지 모르겠다. 하지만 잘 생각해보라. 당신이라면 그보다 더 빨리, 그보다 더 멋진 말이 떠올랐을까? O가 더 멋진 대꾸를 고민하느라 머리를 쥐어짰다면 어떤 일이 벌어졌을까?

가령 O가 동료의 말을 듣자마자 대꾸할 만한 적당한 말을 찾아 창고에 들어간다고 하자. '꽃 담당이라……. 뭐라고 대꾸하지? 꽃집 사장님은 예쁘대요! 썰렁한가? 좀 안 어울리나? 가만있어 보자…….' 이렇게 O가 손에 분무기를 들고 대답을 찾는 사이 동료는 벌써 사라지고 없다.

고민만 하다 끝나는 것보다 뭐라도 대답하는 것이 훨씬 낫다. 비록 적당한 말이 안 떠올라 얼버무린 대꾸였을지라도 찍소리 못하고 가만히 있는 것보다 백번 낫다. 속수무책으로 당하는 약자가 아니라 자존심을 지킨 당당한 모습으로 불쾌한 상황을 무사히 빠져나왔으니 말이다.

TIP

무슨 말이든 해라. 말도 안 되는 소리라도 상관없다. 입도 못 떼는 바보는 아니었다는 경험이 당신의 자존심을 높이는 데에도 큰 도움이 될 것이다. 그리고 계속 말을 하다 보면 자신감도 생기고, 요령을 터득해 더 멋지고 순발력 있는 대답을 할 수 있게 될 것이다.

할 말이 없으면 없다고 말하라

"할 말이 없네요." 이 말이 얼마나 큰 효과를 발휘하는지 알게 되면 당신도 깜짝 놀라게 될 것이다. 상대의 비난, 뻔뻔한 농담, 모욕적인 언사에 대해 "전혀 할 말이 없다고" 상대에게 대놓고 말하라.

물론 이때 비굴한 태도는 금물이다. 상대의 무례한 말에 영향을 전혀 받지 않았다는 사실을 상대가 분명히 알 수 있는 말투와 목소리로 말해야 한다. 상대의 눈을 똑바로 바라보며 자신 있게 차분한 목소리로 말해야 한다.

- "못 들은 걸로 하겠어요."

- "대답해야 해요?"

- "딱히 떠오르는 말이 없네요."

- "뭐라 대꾸해야 할지 모르겠네요."

- "내가 그쪽 말에 일일이 반응할 거란 기대는 버리는 게 좋아요."

이 말에 약간의 변형을 해서 상대의 말을 전혀 이해하지 못했다고 말하는 방법도 있다. 아예 못 알아들은 척하는 것이다. 특히 상대의 농담이나 비난이 정곡을 찌르지 못할 때 쓰면 좋은 방법이다.

- "무슨 말을 하는 건지 못 알아듣겠는데요."

- "뭐라고 했어요?"

- "말이 너무 빨라서 이해하지 못했어요. 다시 말씀해주시겠어요?"

- "중요한 말인가요? 못 알아들어서……."

이런 대꾸를 자신 있게 입 밖으로 낼 수 있으려면 제법 뻔뻔해야 한다. 알아듣고도 못 알아들은 척 연기를 해야 하니 말이다. 그 정도로 낯이 두껍지 않다면 그냥 할 말이 없다고 말하는 편이 낫다.

상대가 던진 비난의 말을 처음부터 다시 한번 반복해달라고 요구해보자. 상황이 더 악화될지도 모른다는 걱정은 접어두자. 대개 그런 요구에 응하는 사람은 그리 많지 않다. 설사 그가 뻔뻔하게 다시 한번 반복하더라도 이미 그의 공격은 효력을 상실한 후다. 느긋한 표정으로 그의 공격을 다 듣고 난 뒤 한마디로 딱히 대꾸할 말이 없다고 잘라 대답하면 그뿐이다.

22

필요할 때마다 꺼내 쓰는
인스턴트 문장

앞 장에서 본 방법은 제법 효과적이지만 순발력이 매우 뛰어나다고 할 정도는 아니다. 순발력을 갖추자면 바로 맞받아쳐야 한다. 따라서 미리 준비해둔 기본 표현들, 즉 '인스턴트' 문장들로 좀 더 순발력 있게 대응하는 것을 연습할 필요가 있다.

scene

P가 사무실 복도에서 동료 Q를 만났다. Q가 P를 붙잡고 이렇게 말한다. "이 말까지는 차마 안 하고 싶었지만 도저히 참을 수가 없어. 왜 만날 그런 촌스러운 넥타이만 매고 다녀?" P는 1초도 망설이지 않고 이렇게 대꾸한다. "자네가 내 모델이거든."

이런 인스턴트 문장의 가장 큰 강점은 고민할 필요 없이 신속하게 상대방의 말에 대응할 수 있다는 점이다. 만일 준비해두지 않았다면 할 말을 찾지 못해 붕어처럼 입만 벙긋거리다가 넘어갔을 뻔한 상황이다.

무한한 인스턴트 문장의 세계

용기에 뜨거운 물만 부으면 3분 만에 한 끼 식사가 해결되는 사발면. 그 편리함에 환호하지 않을 수 없다. 인스턴트 문장들도 이와 유사하다. 미리 조제가 끝나 있으므로 필요할 때마다 즉각 꺼내 쓰기만 하면 된다.

문제는 그 유용한 문장들을 어디서 수집하느냐. 수집 방법은 다양하다. 평소 같으면 흘려들었을 주변 사람들의 말에도 귀를 세우고 있다가 쓸 만한 표현이다 싶으면 기억하고 메모하는 것이다. 소설이나 영화, TV 프로그램도 인스턴트 문장을 수집할 수 있는 훌륭한 원천이다. 필요하다면 관련 서적을 찾아보는 것도 좋다.

당신이 써먹을 수 있는 인스턴트 문장들은 무궁무진하다. 매일매일 추가할 수도 있다.

- "우리 팀 분위기에 맞추다 보니⋯⋯."
- "그건 우리 헬스클럽 코치한테 물어보세요."
- "계속 말씀하실 거예요? 생각을 좀 더 하시는 게 나을 것 같은데⋯⋯."
- "그게 다예요?"
- "그것 말고도 문제가 많은 것 같은데."
- "TV 한번 나가 보세요."

중요한 것은 이 문장들이 내가 처한 각각의 상황에 맞아야 하고,

특히 내 성격과 어울려야 한다는 점이다. 평소 소극적이고 얌전하던 사람이 갑자기 뻔뻔하기 짝이 없는 말을 내뱉는다면, 효과는커녕 주변의 우려와 근심을 사게 될 것이다.

사실 나와 맞지 않는 문장은 잘 외워지지도 않는다. 나의 기질과 특성을 잘 고려해 나에게 맞는 문장을 골라보자.

TIP

유명인의 유머러스한 문장은 써먹을 때 조심해야 한다. 일상생활에서는 잘 안 먹히는 경향이 있고, 또 상대방이 그 유명인의 명언을 이미 알고 있다면 오히려 그에게 탄약고를 제공하는 꼴이 되어버린다. "어제도 달라이 라마 읽었어?" 그러고는 당신만 봤다 하면 '우리 달라이 라마'를 들먹일 것이다.

23

과도한 농담은 해롭다

인스턴트 문장에 맛을 들여 시도 때도 없이 남발하는 사람들이 많다. 공격당한 것도 아닌데, 그냥 재미있자고 때와 장소에 맞지 않게 헛소리를 늘어놓는 것이다. 예를 들어 새로 들어온 신입에게 "5개 줘봐!"라는 말로 좌중의 웃음을 유발하는 경우다. 그게 손가락 5개를 달라는 말, 즉 악수하자는 말인지 알 턱이 없는 신입 사원은 당황한 표정으로 멀뚱멀뚱 바라볼 수밖에.

scene

Q는 입만 열면 농담이다. 인사를 할 때도 "Solong, Hongkong", "굿바이 하와이" 식의 썰렁한 개그를 예사로 던진다. 책임감이 부족하다는 친구의 충고에는 가방에서 책을 꺼내면서 "이게 책-인-감!!" 하는 식으로 응수한다.

재미있는 농담은 긴장을 풀어주고 분위기를 띄워주며 상황을 부드럽게 만들어준다. 하지만 상황에 잘 맞지 않는 과도한 농담은 오히려 괜찮은 분위기에 찬물을 끼얹는 역효과를 낳을 수도 있다. 농담을 던지는 사람은 스스로를 '재치꾼'이라 생각할지 몰라도 옆 사람들이 보기에는 민폐일 뿐이다. 물론 이는 순발력과도 아무 상관이 없다.

준비된 전쟁

순발력은 기습적인 응답이 관건이다. 기습을 당하고 나서 생각하기 시작하면 이미 늦다. 그러니 평소에 차분히 준비해야 한다. 준비가 완벽하면 상대가 아무리 기습적인 공격을 감행해도 그건 기습이 아니라, 준비된 전쟁일 뿐이다.

인스턴트 문장은 각자의 취향과 수준에 맞춰 변형할 수 있다. 아니, 변형은 필수적이다. 자연스러움이 관건이므로 나에게 맞게 바꾸는 게 좋다. 직접 만들어보는 것도 괜찮다. 명사들의 명언처럼 멋진 구절을 만들어보자. 아무럼 자기 말이 남의 말을 빌려 쓰는 것보다 못하겠는가. 다만 인스턴트 문장을 만들 때는 다음의 몇 가지 사항을 주의해야 한다.

- 간단명료해야 한다. 그래야 암기하기 쉽고 효과도 크다.
- 너무 특별하면 안 된다. 어디서나 통하고, 특별히 한 사람만 공략한다는 인상을 풍기지 않는 일반적인 내용이 좋다.

- 상대의 공격을 물리쳐야 한다. 공격의 총구를 상대에게 돌리거나 ("자기가 내 모델이잖아!"), 상대의 공격에 대응하고 싶지 않다("우리 대리님한테 물어보는 게 어떨까요?")는 뜻을 분명히 밝힌다.

TIP

똑같은 인스턴트 문장을 너무 자주 사용하는 건 금물이다. 레퍼토리도 자주 바꾸고 새로운 문장을 자주 첨가해라. 앞뒤 맥락도, 이유도 없이 남발하는 인스턴트 문장은 오히려 당신의 인상에 해가 되고, 분위기에도 악영향을 미친다.

24

유명인들을 인용하라

유명한 사람들의 농담이나 독설도 효과가 좋다. 각자의 취향에 따라 좋아하는 분야를 택해보자. 철학자, 정치가, 작가, 축구 감독, 연예인 등 다양한 분야의 여러 인물이 있다. 중요한 것은 인용구가 상황에 잘 맞아떨어져야 한다는 것이다. 물론 그게 말처럼 쉽지는 않다.

scene

회의를 마치고 직원들끼리 회식을 했다. Q는 또다시 P를 걸고넘어진다. P가 명언을 인용했기 때문이다. "토머스 홉스Thomas Hobbes가 뭐라고 했어? Homo Homini Lupus , '인간은 인간에게 늑대다'라고 했잖아." Q가 낄낄거리며 대꾸한다. "웬 호모? 자네 호모야?" 옆에서 신입 사원이 끼어든다. "그거 홉스가 한 말 아닌데요. 로마의 희극작가 플라우투스Plautu가 한 말인데요."

적재적소의 인용구는 항상 경탄의 대상이 된다. 역공을 가하면서 지적 수준도 은근히 과시할 수 있으니 그야말로 일석이조다. 인용구는 필요할 때마다 꺼내 쓸 수 있다는 점에서 인스턴트 문장과 유사하지만, 인스턴트 문장보다 2가지 장점이 있다.

- 유명한 사람이 한 말이기 때문에 더 권위가 있다. 따라서 당신의 말보다 파급력이 더 강하다.
- 유명 기업인이나 작가의 말을 통해 현 상황과 일정한 거리를 취할 수 있으므로 더 여유 있고 당당한 모습을 보일 수 있다.

TIP

고전의 인용구들은 예외 상황, 즉 인용구가 원래와 전혀 다른 의미로 사용된 경우나 상대방이 당황스러울 만큼 인용구를 변형시킨 경우에만 효과를 발휘한다.

상대의 예상을 뛰어넘어라

누구의 말을 인용할지는 전적으로 개인의 취향에 달려 있다. 하지만 평소의 정치적 견해나 입장과 상반되는 명사의 말을 인용할 경우, 예상 밖의 큰 효과를 발휘할 수도 있다. 이를테면 독일의 보수정당 CSU의 정치가 페터 가우바일러 Peter Gauweiler 는 사회주의자인 베르톨트 브레이트 Bertolt Brecht 의 말을 자주 인용한다. 마찬가지로 인문

학자들은 감성적인 시인의 작품이나 《곰돌이 푸》, 《이상한 나라의 앨리스》 같은 어린이책으로 분위기를 반전시킬 수 있다.

이렇게 상대가 예상하지 못했던 사람의 말이나 작품 구절을 인용하면 전략적 효과도 뛰어나지만, 다방면에 관심이 있는 박학다식한 사람이라는 인상을 풍길 수 있다. 예를 들어 기업 CEO라면 경제 분야 리더들의 말만 자주 인용할 것이 아니라, 영화감독 우디 앨런Woody Allen을 인용하는 것이 더 독창적이고 교양이 풍부하다는 인상을 줄 수 있다.

여기서 중요한 것은 상대가 아는 사람의 말을 인용해야 한다는 것이다. 그렇게 하지 않으면 훈계하는 인상을 주기 쉽다. 물론 원전을 몰라도 될 정도로 훌륭한 인용구라면 이야기가 다르지만 말이다. 특히 마크 트웨인, 우디 앨런, 윈스턴 처칠Winston Churchill, 오스카 와일드Oscar Wilde, 에리히 케스트너Erich Kästner 같은 사람들의 말은 유머가 풍부해 인용하기가 좋다. 또 알베르트 아인슈타인Albert Einstein, 달라이 라마Dàlài Láma, 프리드리히 니체Friedrich Nietzsche라든가 불경이나 성경 구절을 인용해도 어딘가 있어 보일 것이다.

인용구 보따리를 마련하라

인스턴트 문장과 마찬가지로 인용구도 적재적소에 신속하게 꺼내 쓸 수 있어야 한다. 또 매일 똑같은 말만 하면 효과가 없기 때문에 제법 두둑한 인용구 보따리를 마련해두는 것이 좋다. 책을 읽거나

TV를 보다가, 또 누군가와 대화를 나누다가 마음에 드는 구절이 있으면 적어두자.

다음에 몇 가지 인용구를 정리해놓았다. 장차 있을 당신의 인용구 기습 작전에 요긴하게 사용하길 바란다.

- "진짜 좋은 아이디어는 처음부터 실현될 수 없다는 사실에서 알아차린다."
       – 알베르트 아인슈타인

- "축구는 딩, 동, 댕이다. 딩만 있는 게 아니다."
       – 조반니 트라파토니(Giovanni Trapattoni, 아일랜드 국가대표 축구 감독)

- "인간은 어떤 원숭이보다 더 한층 원숭이이다."
       – 프리드리히 니체

- "적을 용서하라. 하지만 그 이름은 절대 잊지 마라."
       – 존 F. 케네디 John F. Kennedy

- "동료의 이가는 소리보다 듣기 좋은 소리는 없다."
       – 그루초 막스(Groucho Marx, 미국의 코미디언)

- "당신 의견이 듣고 싶을 땐 내가 일러줄 테니 기다려."
       – 새뮤얼 골드윈(Samuel Goldwyn, 미국의 영화제작자)

- "못 이기면 잔디라도 밟아 망가뜨린다."
       – 롤프 뤼스만(Rolf Rüssmann, 독일의 축구선수)

- "질서가 없으면 아무것도 존재할 수 없고, 혼란이 없으면 아무것도 탄생할 수 없다.
       – 알베르트 아인슈타인

■ "사실을 알아야 왜곡하지."

– 마크 트웨인

TIP

꼭 유명 정치인들이나 권위 있는 학자들의 말만 인용할 필요는 없다. 별로 권위가 없는 사람, 축구 감독이나 패션모델, 가수 등의 말이 오히려 기습 효과를 더할 수 있다. 그리고 꼭 멋진 표현이어야 할 필요도 없다. 평범한 표현에도 깊은 뜻을 담으려면 얼마든지 담을 수 있으니까.

25

분위기를 깨라

한순간도 빠짐없이 늘 창의성과 재치를 뽐낼 이유는 없다. 때로는 정반대 방법으로, 그러니까 고리타분한 교장선생님 같은 훈화로 상대방의 입을 다물게 할 수 있다. 공격하고 싶은 의욕이 깡그리 사라지도록 분위기를 완전히 깨버리는 것이다. 한번 시도해보라. 예상밖의 효과를 거둘 수 있다.

'분위기 깨기' 기술의 장점은 아무리 사용해도 효력이 떨어지지 않는다는 것이다. 다시 말해 사용하면 할수록 효과가 더 좋아진다. 다만, 당신을 생각하는 마음에서 진지하게 던진 충고에 대해서는 이 방법으로 대응하면 안 된다.

상대방 말에 동조하기

전형적인 분위기 깨기 전략이다. 누군가 당신에 대해 불평을 늘어놓으면 어깨를 으쓱하면서 "네 말이 맞아", "어쩔 수 없지, 뭐", "상관없어", "괜찮아" 같은 김을 쭉 빼는 대답을 던지는 것이다. 상대는 기가 막혀 아무 말도 할 수 없게 된다.

유머러스하지도, 공격적이지도 않지만 바로 그 점 때문에 진지하게 대응할 가치가 없다고 생각되는 도발이나 비난에 써먹기 제격인 방법이다. 앞에다 "그러니까 네 말은……", "네가 보기엔……" 같은 말을 덧붙이면서 상대의 말을 다시 한번 반복하는 것도 효과를 극대화하는 데 도움이 된다.

- "새 쫓을 일 있어? 옷이 그게 뭐야? 허수아비 같잖아."
  → "네 눈엔 내 옷이 허수아비 같은가 봐. 네 말이 맞겠지, 뭐."
- "너 비듬 엄청나게 많아."
  → "어쩔 수 없지, 뭐."
- "아직도 운전을 못해? 석기시대 사람이야?"
  → "그러게. 그래서 난 돌도끼를 잘 다루나?"
- "매일 포도주 두 잔이면 알코올중독이야."
  → "뭐, 그럼 어때?"

앞에서 말한 표현과 비슷한 수준 정도의 신속한 대꾸로 "잘 아시네요"가 있다. 이 표현을 쓸 때는 냉정하고 차가운 말투가 좋다. 고개까지 끄덕이면 효과가 더 커진다. 다만 당신의 말투에 비꼬는 억양이 섞여 있으면 상대방의 공격이 계속될 위험도 있으므로 준비를 단단히 하고 시작해야 한다. 비슷한 종류의 대꾸로 "전문가네요" 같은 말도 있다.

- "초등학교도 못 다녔어? 산수 실력이 왜 그렇게 형편없어?"

  → "잘 아시네요."

- "이 박쥐 같은 인간. 기회주의자!"

  → "잘 아네."

- "사무실이 돼지우리가 따로 없군."

  → "역시 전문가의 눈은 다르다니까."

- "대체 무슨 말씀을 하시는지 모르겠어요."

  → "전문가는 다르시네요. 저도 모르겠어요."

"그게 나쁜 건가요?"

눈까지 찡긋거리며 상대의 부아를 돋우는 '분위기 깨기' 전략! 상대의 비난을 조용히 듣고 나서 진심 어린 말투로 대답한다. "그게 나쁜 건가요?"

상대를 무장해제시키는 간단명료한 대꾸다. 당신의 표정이 너무 진지해서 상대가 웃음을 터트릴 수도 있다. 비슷한 표현으로 "덕분에 성공했잖아요", "남자들/여자들은 좋아해요"가 있다.

- "사람이 왜 그렇게 줏대가 없어?"

  → "아……, 그게 나쁜 건가요?"

- "그렇게 호락호락하니까 부하 직원들이 갖고 노는 거 아냐?"

  → "그게 나쁜 건가?"

- "당신은 리더십의 '리' 자도 모르는 인간이야."

  → "덕분에 성공했잖아."

- "당신, 너무 뚱뚱해. 살 좀 빼."

  → "내 성공의 비결이 바로 살이야."

- "패션 감각이 너무 없으시네."

  → "모르시는 모양인데, 요새 이런 게 유행이에요."

상대의 입을 다물게 하는 한마디

트집쟁이를 침묵하게 만드는 고전적인 레퍼토리다. 호탕한 웃음과 함께 이 말을 던지면 특히 효과가 크다. 다만 '너만 없으면 아무 문제가 없어!'라는 메시지를 정확하게 전달해야 한다. 너무 자주 쓰여서 식상하다는 단점이 있지만, 제대로만 사용하면 정말 아무 "문제가 없다".

- "머리 염색했어? 머리 꼴이 그게 뭐야?"

  → "뭐가 문제야? 멋있기만 한데."

- "네 아이디어, 너무 고리타분하지 않아?"

  → "별문제 없는 것 같은데."

'분위기 깨기' 전략은 상대의 코를 납작하게 만드는 지능적인 방법이다. 상대가 말꼬리를 물고 늘어지더라도 변명 따위를 늘어놓을 생각은 하지 마라. 당신이 "문제없다"고 선언했으니 그 문제는 그것으로 끝난 것이다. 상대가 계속 물고 늘어지거든 말없이 외면해 버려라.

26

대꾸의 기술

부당한 공격을 받았을 때는 공격의 총구를 상대에게 돌리는 것이
제일 좋을 것이다. 하지만 그런 통쾌한 반격이 말처럼 쉬운 것은 아
니다. 어디를 잡아야 총구가 돌아갈지 고민해야 한다. 그러자면 시
간이 필요하다.

앞에서 "꽃 담당 원예사냐"라는 말을 들었던 O를 떠올려보라. 그
가 멋지게 대꾸할 말을 고민하고 또 고민했다면 기회를 놓쳐버렸을
것이다. 아무리 평소에 재치가 넘치는 사람이라도 얼마든지 한마디
도 못하고 보기 좋게 당할 수 있다.

이쯤에서 초보자를 위한 몇 가지 간단한 대꾸의 기술을 소개하
려 한다. 초보자용이라고 얕보지 마라. 간단하지만 효과는 상당하니
까. O의 이야기로 돌아가 이 기술을 적용해보자.

scene

화분에 물을 주고 있는 그를 동료가 이렇게 놀린다. "이런, 회사 꽃 담
당 원예사로 좌천되셨네."

딱히 대꾸할 말이 떠오르지 않아서 고민하던 O의 머리에 문득 'A보다 B가 낫다' 전략이 스치고 지나간다. 솔로라서 할 일이 없는 동료가 거의 매일같이 제일 늦게 퇴근한다는 사실을 잘 알고 있던 O가 번개처럼 빠르게 대꾸한다. "사무실 경비보다야 원예사가 낫지."

이 원칙은 아주 간단하다. 상대의 비난을 낚아채서 '너보다는 내가 낫다'는 뜻을 담아 상대와 나를 비교하는 것이다. 공식 'A보다 B가 낫다'에서 A 자리에 상대의 특성을, B 자리에 상대가 비난한 나의 특성을 대입시키는 것이다. 이때 A와 B 사이에는 연관성이 있어야 한다. 주의할 점은 비교의 강도를 너무 높이지는 말라는 것이다. 쓸데없이 적을 만들 수 있다.

TIP

'A보다 B가 낫다' 전략에서 'A' 자리에 어떤 내용을 집어넣을지는 전적으로 당신에게 달려 있다. 이때 꼭 당한 만큼 똑같이 되돌려 줘야 한다고 생각하지 말고 황당한 내용을 넣어 상대를 놀라게 하는 방법을 권하고 싶다.

A와 B의 연결이 재미있고 의외일수록 효과도 더 커진다. 하지만 효과를 극대화시키겠다고 온종일 고민만 하고 있을 수는 없는 법!

번개처럼 빠르게 적당한 짝을 찾아야 한다. 언제든지 얼른 써먹을 수 있게 미리 적당한 짝을 준비해두는 것도 괜찮다. "가방끈이 기네요" 같은 비꼬는 말에 "짧은 것보다야 긴 게 낫죠" 식으로 말이다.

- '검다/희다', '크다/작다', '두껍다/얇다', '뚱뚱하다/말랐다' 등의 반대말을 자주 이용해라("10배 멍청한 것보다야 9배 똑똑한 게 낫지").
- 책이나 영화 제목, 슬로건, 속담 등에서 대비되는 항목을 찾는다.

너무 도식적인 대비는 하지 않는 것이 좋다. 늘 그렇듯 변형과 보충이 필요하다. A와 B를 말장난으로 연결할 수 있으면 특히 순발력 있어 보인다.

scene

R에게 이웃이 괜히 시비를 건다. "어머나, 며칠 사이에 살이 더 찐 것 같아요." 비쩍 마른 이웃의 몸을 훑어보며 R이 환한 표정으로 대꾸한다. "비쩍 말라서 아파 보이는 것보다야 살이 좀 쪄도 건강해 보이는 게 낫지요."

'A보다 B가 낫다' 전략은 별로 악의 없는 짓궂은 농담에 가장 적당한 대응법이다. 상대의 말에서 악의가 느껴지거나 모욕적인 뉘앙스가 가득하다면 이 방법을 자제해야 한다. 후반부, 즉 'B가'라는 말에는 그런 표현을 사용한 상대의 비난에 동의한다는 뜻이 함축되어 있으니 말이다.

27

총구의 방향을 상대에게로 돌려라

별로 우아하지는 않지만 악의 있는 비방이나 비난에 대응하자면 포기할 수 없는 기술이 바로 이것이다. 장난기는 싹 거두고 '눈에는 눈 이에는 이' 식으로 철저하게 대응하는 것이다. 상대의 비난에 항의하고, 총구의 방향을 돌려 상대에게로 향하게 하는 것이다.

scene

> 직원들이 여럿 모인 자리에서 Q가 P에게 훈계를 늘어놓는다. "자넨 치마만 둘렀다면 침을 질질 흘리는군." P가 차갑게 대꾸한다. "난 그럴 필요가 없어. 안 그래도 따라다니는 사람이 너무 많아서 고민이야. 자네야말로 그런 모양이네. 뭐 눈에는 뭐밖에 안 보인다고 하잖아."

여기에는 2단계가 필요하다. 우선 상대의 비난이 틀렸다는 사실을 장난기 없는 표정과 말투로 확실하게 밝힌다. 절대 흥분해서는 안 되지만, 상황을 '재미있다'고 받아들이는 느낌을 풍겨서도 안 된다. 그렇게 하지 않으면 상대의 비난에 대해 당신이 어느 정도 동의하고 있다는 인상을 풍기기 쉽다. 이 기술의 핵심은 '객관적인 냉정함'이다. 그런 뒤 비난의 총구를 상대방에게로 되돌린다. 앞의 장면에서처럼 장황하게 표현할 수도 있지만, 더 간단하게 처리해버릴 수도 있다.

scene

Q가 사람들이 모인 자리에서 이렇게 농담을 던진다. "우리 P가 너무 자주 화장실을 들락거리는군. 주요 부분에 문제가 있나?" P는 이렇게 대답한다. "나야 괜찮지. 그 부분이라면 자네가 더 문제잖아."

상대의 허를 찌르는 속담

속담은 상대를 자극하고 싶을 때 활용도가 높다. 물론 속담을 쓰려면 전제 조건이 필요하다. 속담이 상황과 전혀 어울리지 않아야 한다. 말도 안 되는 소리, 어처구니없는 소리, 황당한 소리일수록 좋다. 이는 상대의 허를 찔러 상대를 당황하게 만드는 전략인 셈이다.

scene

동료들을 놀리는 재미로 사는 직원이 있다. 어느 날 그가 O에게 이렇게 말한다. "오늘 아침신문을 보니 여자들이 지도를 잘 못 본다는 게 과학적으로도 입증되었더라고요." O가 이렇게 대꾸한다. "제가 본 신문에서는 질투가 썩은 오리알에서 백조를 부화시킨다더군요."

이때는 언제 어디나 써먹어도 무리가 없는 일반적인 속담이 제일 적당하다. 아마 당신의 의도를 상대가 얼른 알아차리지 못하고 당신의 말이 무슨 뜻일까 전전긍긍하는 모습을 보면 내심 통쾌할 것이다. 상대는 놀라 묻는다. "그게 무슨 말이야?" 그럼 당신은 의미심장한 말투로 이렇게 대답한다. "한번 곰곰이 생각해보시지요." 혹은 "아무것도 아닙니다."

이 밖에도 활용도 높은 속담들을 정리하고 넘어가자.

- 양쪽이 다 뾰족한 바늘은 없다. (중국)
- 선행을 하고 나면 물에 던져버려라. (인도)
- 가지가 없는 나무에는 오를 수 없다. (스웨덴)
- 칼이 없으면 빵을 못 자른다. (스페인)
- 삼십육계 줄행랑. (중국)

TIP

상황에 안 어울리는 속담으로 쓸데없는 충돌을 우아하게 피할 수 있다. 김을 확 빼서 상대의 도발을 한 방에 허사로 만드는 것이다.

부당한 비난에
어떻게 대처할까?

판단의 힘은 강하다. 그릇된 판단은 번개와도 같이 우리를 강타한다.

그러니 그릇된 판단을 절대 용인해서는 안 된다.

당신 주변에 괜히 트집을 잡거나 시비를 걸고 부당하게 비난을 퍼붓는 사람이 있는가.

계속 당하고만 있지 말고

이제야말로 순발력 있는 대답으로 당신의 자존심을 지켜내자.

28

오판은 가능한 한
빨리 바로잡아야 한다

S의 팀은 이번에 맡은 프로젝트를 최선을 다해 마쳤다. S는 날아갈 것 같은 기분으로 컴퓨터 앞에 앉아 프레젠테이션 자료를 만들어 팀원들 앞에서 발표를 한다. 그런데 팀장이 팔짱을 끼고 의자에 비스듬히 기대면서 따분한 표정으로 이렇게 말한다. "파워포인트는 지겹지 않나? 좀 참신한 거 없어?"

부당한 비난보다 상처가 되는 것은 없다. 몇 날 며칠을 프로젝트에 매달려 열심히 노력했고 덕분에 훌륭한 성과를 거두었다면, 인정과 칭찬을 바라는 것이 인지상정이다. 하지만 상사가 성과는 못 본 척하고 이것저것 아주 사소한 꼬투리를 잡아 타박을 늘어놓는다면 어떤 기분일까?

실망은 당연하고, 화가 치밀어오를 것이다. 한마디 쏴주고 싶은 마음이야 굴뚝같겠지만 대체 어떻게, 무슨 말로 상사에게 한마디할 것인가?

혹은 당신이 실수를 저질렀다고 하자. 당신의 눈앞에서 고객이, 동료가, 상사가 불같이 화를 내면서 야단을 친다. 당신이 너무 게으르다는 둥 무능하다는 둥 지금까지 발생한 모든 문제가 다 당신 탓이란다. 끝도 없이 계속되는 그런 비난을 누군들 입 다물고 얌전히 앉아 듣고 싶겠는가.

하지만 무슨 말이라도 해야겠다는 생각과 달리 입은 꼼짝달싹하지 않는다. 이유가 무엇일까? 바로 우리의 자존심이 위태롭기 때문이다.

누군가가 내가 생각하는 것과 다르게 나를 평가하는 것은 참기 힘들다. 더구나 그 평가가 나쁜 쪽이라면 더욱 그렇다. 물론 다들 겉으로는 안 그런 척하겠지만 속으로는 화가 나서 미칠 지경이다. 그런 식의 나쁜 평가가 나의 가치와 세계관을 문제 삼기 때문이다.

누군가가 당신을 잘못 판단한다면, 그 판단을 그대로 두어서는 안 된다. 당신에게 그런 판단을 내릴 만큼 잘못한 것이 없다면 말이다. 그대로 두면 당신의 자존심이 타격을 입게 된다. 판단의 영향력이 얼마나 큰지는 다음에 소개하는 작은 실험을 통해서도 알 수 있다.

앞으로 영화관에 가거나 TV를 볼 일이 있으면, 옆 사람과 영화나 드라마 이야기를 나눠보자. 단, 감상평을 생각한 것과 정반대로 이야기해보자. 영화가 마음에 들면 마구잡이로 헐뜯고, 주연배우의 연기가 마음에 안 들면 최고의 찬사를 늘어놓는 것이다.

그런 다음 무슨 일이 일어나는지 주의 깊게 관찰해보자. 격렬한 말다툼이 벌어질까? 아니면 영화에 대한 당신의 의견이 바뀔까?

영화 품평회가 끝나고 나면 상대에게 사실을 털어놓는다. 사실은 실험이었다고, 의견을 반대로 말한 거라고. 그렇게 하지 않으면 상대가 앞으로 계속 당신을 이상하게 생각할 수도 있으니 말이다. 엉뚱한 의견을 말하는 당신에 대해 어떻게 생각했는지, 화가 나지는 않았는지 상대에게 물어보자.

부당함에 맞서야 할 때

늘 좋은 말만 듣자는 것이 아니다. 부정적 평가도 괜찮다. 잘못했을 때 적절한 쓴소리는 약이 되었으면 되었지 절대 독이 되지는 않으니까. 잘못을 저질렀는데 칭찬을 받으면 더 황당하고 창피스러울 것이다.

문제는 공정함이다. 공정하지 못한 평가는 득이 될 수 없다. 따라서 공정하지 않은 곳에서는 공정함을 요구해야 마땅하다.

그렇다면 왜 무슨 말이더라도 해야 하는 걸까? 부당한 평가를 받았다고 느낄 때는 왜 나의 의견을 피력해야 하는 걸까? 물론 말을 한다고 해서 달라질 건 별로 없을지도 모른다.

그럼에도 말을 하는 게 옳다. 말을 안 하면 오판을 인정하고 내버려두는 셈이 되기 때문이다. 당신은 그 오판에 항의를 하는 것이고, 그것은 당신의 자존감을 유지하는 데 아주 중요하다.

부당한 평가는 어떨 때 일어날까?

부당한 평가를 받았다는 생각이 들면 누구나 화가 치밀어 오른다. 하지만 따지고 보면 그런 일은 거의 매일 일어나다시피 한다. 꼭 내가 아니더라도 주변 사람들에게서 매일 목격할 수 있지 않은가. 예를 들어 이런 경우들이다.

- 어떤 일의 결과가 너무 좋다. 그런데 결과는 깡그리 무시당하고 전혀 중요하지 않은 사소한 부분으로 트집 잡힌다.
- 안 그래도 일이 많아 죽겠는데 팀장이 또 업무를 맡긴다. 나름대로 힘껏 노력했지만 결국 문제가 생기고 말았다. 그런데 문제의 책임을 전적으로 나한테 떠넘긴다.
- 누군가 말도 안 되는 비방을 한다.
- 나를 평가한 기준이 내가 보기엔 부적절하기 짝이 없다.

scene

다음번 팀 회의 때 누가 프레젠테이션을 하는 게 좋을지 의논하는 자리다. 한 직원이 S는 지난번에 파워포인트 때문에 팀장에게 싫은 소리를 들었으니 안 하는 게 좋겠다고 말한다.

그렇다면 부당한 평가의 원인은 무엇일까? 원칙적으로 4가지 원인이 있다.

- **무관심:** 평가를 하는 사람이 평가해야 하는 상황을 정확히 살필 마음이 없다. 그러다 보니 그저 첫인상에 따라 판단을 내리고, 그 결과 그릇된 판단으로 이어질 가능성도 높아진다.
- **부족한 전문 지식:** 평가를 내리는 사람이 상황을 잘 모른다. 게다가 부족한 지식을 관심과 열정으로 채우려는 노력까지 하지 않아 상황은 더 나빠진다.
- **숨은 동기:** 평가를 내리는 사람이 그걸 빌미로 하려는 다른 꿍꿍이속이 있다. 어쩌면 그냥 당신을 괴롭히고 싶은 건지도, 훈계를 늘어놓으면서 자기 권력을 과시하고 싶은 것인지도 모른다.
- **생각의 차이:** 꼭 개인적인 약점이나 거부감이 원인이라고 할 수는 없다. 때로는 그런 부당한 평가를 내릴 객관적 이유가 있을 때도 있다.

scene

S가 프레젠테이션을 맡게 되자 샘이 난 옆자리 동료가 말한다. "너무 쉽다. 인터넷에서 도표 몇 개만 복사하면 끝이잖아." S가 대꾸한다. "어떤 도표를 인터넷에서 복사할 수 있는데? 내 지식으로는 안 된다고 알고 있는데. 난 도표 작성에만 한나절이 걸렸어."

그럼 원인을 파악했으니 그에 맞는 적절한 대응책도 알아보자.

- **무관심:** 가장 바꾸기 쉽다. 상대가 그냥 생각나는 대로 내뱉은 경우

도 적지 않다. 흥분하지 말고 간단명료하게 당신은 이 일을 어떻게 평가하는지 설명하라. 그리고 상대에게 입장 표명을 요구하라.

- **부족한 전문 지식:** 평가를 내리는 사람의 지위에 따라 다르게 대처한다. 상사라면 신중해야겠지만, 외부인이라면 상대방의 무지를 지적하는 것도 나쁘지 않다. 물론 재미 삼아 그래서는 안 된다. 객관성을 잃지 말아야 한다.

- **숨은 동기:** 이 경우에는 상대를 설득하려는 노력이 아무 소용이 없다. 하지만 당신이 상대의 의견에 반대한다는 것은 확실히 밝혀야 한다.

- **생각의 차이:** 당신의 견해를 밝혀야 한다. 상대가 이미 알고 있는 내용이라면 당신은 생각이 다르다는 점만 짤막하게 언급해도 좋다.

TIP

상대의 비난에 숨은 동기가 있다면 그 동기를 만천하에 공개하는 것도 나쁘지 않다. 하지만 누가 들어도 신빙성이 있거나 확실한 증거가 있어야 한다. 그렇지 않으면 자칫 망신당할 수 있다.

29

반박문으로 대응하라

이 기술은 '총구 돌리기' 기술과 살짝 유사하다. 여기서도 2단계 작업이 필요하다(117쪽 참조). 차이점이라고 한다면 비난이나 부당한 평가의 총구를 상대에게 돌리지 않고 잘못된 점을 정정한다는 것이다.

예컨대 신문사가 '맞지 않는 사실 주장'을 했다는 독자의 항의를 받고 신문에 싣는 '반론문'을 떠올리면 된다. 물론 신문의 '반론문'과 달리 간단명료해야 한다. 하지만 그릇된 판단을 바로잡는다는 점에서 목적은 동일하다.

scene

S가 업무를 다 마치고 결과를 팀장에게 보고하러 간다. 팀장이 투덜거린다. "왜 이렇게 늦었나?" S가 난감한 표정을 짓는다. 팀장이 한숨을 쉬며 말한다. "왜 늘 그렇게 꼼지락거리나?" 마침내 S는 이렇게 대답한다. "꼼지락거리는 게 아닙니다. 업무의 질을 생각하는 거죠."

당신이 느낀 대로 반박문은 아주 간단하고 기계적이다. 창의성을 발휘하느라 머리를 쥐어짜야 할 필요가 없다. 단, 2단계 원칙은 고수하라. 두 문장이면 충분하다.

> **TIP**
>
> 반박문은 자신 있는 목소리로 핵심 내용을 간단하게 전해야 한다. 뒤따라올 상대의 반박을 두려워하지 마라. 상대가 비난을 멈추지 않거든 다시 다른 반박문으로 대응하라!

반박문 전략은 말도 안 되는 비방에 대처할 때도 아주 유용하다. "집에 빨리 가려고 그렇게 서둘렀군" 같은 상사의 이런 은근한 비방에 이렇게 대답해보는 것은 어떤가. "그렇게 서두르지는 않았습니다. 제가 맡은 업무를 신속하게 처리했을 뿐입니다."

scene

어젯밤 회식이 있었다. 오늘 아침 동료가 의미심장한 웃음을 지으며 O에게 말한다. "어제도 과장님 옆자리로 쪼르르 달려가더군요." O가 동료 쪽으로 돌아선다. 그래도 동료는 입을 다물 줄 모른다. "하긴, 출세를 위해서라면 못할 게 뭐가 있겠어?"

O는 침착한 말투로 이렇게 대답한다. "내가 과장님 옆에 앉은 게 아니라 과장님이 내 옆에 앉으셨지요. 아마 당신 같았으면 못 견뎠을걸요."

한편 반박문 첫 부분에서 공격의 강도를 조금 더 높이려면 평가가 상대의 개인적 의견에 불과하다는 점을 못 박으면 된다. 예컨대 독일의 전 총리 게르하르트 슈뢰더 Gerhard Schröder 는 기자들의 질문에 대답하고 싶지 않을 때 이 방법을 애용했다. 상대가 자신의 견해를 확고한 사실처럼 단정 지을 때 특히 추천하고 싶은 방법이다.

scene

"T 씨는 전문 지식도 없으면서 어떻게 프로젝트팀을 이끌 생각이죠?" 한 동료가 묻는다. T는 자신감 넘치는 표정으로 웃으며 말한다.

"U 씨, 제가 전문 지식이 없다는 건 그쪽 생각이겠죠. 사실 제가 이 분야를 공부해 학위를 땄거든요." 그리고 다정한 말투로 이렇게 덧붙인다. "곧 제 말이 옳다는 걸 알게 될 거예요."

"그렇지만 지난번에 맡았던 첫 프로젝트는 완전 실패작이었잖아요." 이때 날아온 다른 동료의 일격. 그럼에도 T는 전혀 당황하지 않는다.

"글쎄요. 그렇게 생각할 수도 있겠지요. 하지만 까다로운 프로젝트를 맡아서 누구보다 열심히 준비한 덕에 평균 이상의 결과를 낳았다는 게 지난번 우리 팀의 평가였어요."

혹은 이렇게 대답할 수도 있다. "그렇게 생각할 수도 있겠지요. 물론 초반엔 문제가 좀 있었죠. 하지만 실패를 교훈 삼아 다들 열심히 노력했고, 덕분에 프로젝트는 평균 이상의 성과를 거뒀어요."

보통은 2단계로 대응하는 것을 추천하지만, 평가나 비방이 말도 안 되는 소리라면 1단계로 끝내버려도 무방하다. 특히 제삼자가 없을 경우라면 한마디로도 족하다. "맘대로 생각하세요", 혹은 "별꼴이야" 다만 거친 방법인 만큼 신중하게 사용해야 한다. 하지만 집요할 정도로 귀찮게 구는 사람들에게는 가끔 써먹을 만하다.

■ "키에 비해 발은 참 징그럽게도 크네?"
  → "맘대로 생각하세요."

TIP

상대의 그릇된 판단을 바로잡겠다고 없는 영웅담을 지어내서는 안 된다. 그보다는 상황을 바라보는 당신의 시각을 설명해야 한다. 성과가 나빴을 땐 그 사실도 인정해야 한다. 솔직하게 이야기한다고 해서 당신의 입지가 약해지는 것은 아니다. 실패에도 당당한 것, 그것이 자존감을 높이는 길이다.

30

대화의 주도권 되찾기

부당한 비난에 대응하는 또 한 방법으로 '캐묻기' 기술이 있다. 일단 한발 뒤로 물러났다가 다시 공을 상대방에게 던지면서, 좀 더 상세한 설명을 요구하는 방법이다. 한 박자 쉬면서 상대의 속마음을 캐낼 수 있기 때문에 적절하게 대응하기도 한결 수월하다.

사실 알고 보니 말투에 문제가 있었을 뿐 상대의 의도는 나쁘지 않은 것일 수도 있지 않은가. 어쩌면 당신이 당황하지 않고 침착하게 캐묻는 것에 지레 놀라 상대가 얼른 꼬리를 내려버릴 수도 있다.

대화를 객관적 차원으로

누군가 당신을 공격하거든 다음과 같이 되물어라. "무슨 말씀이십니까?", "왜 그런 생각을 하시게 되었나요?" 상대를 공격하지 않고도 상대가 자신의 판단 근거를 상세히 제시할 수밖에 없도록 만드는 것이다. 만약 상대가 근거를 밝히거든 각 항목마다 잘못된 점을 지적하며 설명을 요구하면 된다.

S는 맡은 업무를 완벽하게 처리했다. 그러나 상사가 한숨을 쉰다. "자네는 왜 늘 이렇게 오래 걸리나?" S가 되묻는다. "무슨 말씀이세요?" 상사가 대답한다. "사흘이면 될 것을 닷새나 걸렸잖아." S는 차분한 어조로 이렇게 말한다. "왜 사흘이면 된다고 생각하시는지요? 이런 업무는 빨라야 닷새, 늦으면 일주일까지 걸리는 게 보통인데요."

상대를 완전히 설득하지 못할 수도 있다. 하지만 캐묻기 기술을 이용하면 대화를 객관적 차원으로 되돌릴 수 있다. 다시 말해 모욕적인 언사와 일정 정도 거리를 취할 수 있게 되는 것이다.

사실 이 점이 중요하다. 객관적인 대화가 가능한 지점에선 설사 상대의 지위가 높더라도 당당할 수 있다. 또 캐묻기만 해도 상대가 제 발 저린 도둑처럼 알아서 비난의 꼬리를 슬쩍 내리는 경우도 많다.

TIP

캐묻기 기술은 말뜻을 되물을 때 가장 효과적이다. 예를 들어 누군가 당신을 보고 '파시스트'라고 비난했다면 다정한 말투로 "파시스트가 무슨 뜻이에요?"라고 묻는 것이다. 갑작스럽게 개념을 설명해달라는 요구에 상대가 당황해 말을 더듬을 수 있고, 그러면 대화의 주도권은 다시 당신에게로 넘어오게 된다.

"무슨 뜻이죠?"

상대를 조금 더 심하게 몰아붙이고 싶을 땐 "무슨 뜻이죠?"라고 묻는다. 질문을 통해 상대가 그 개념을 잘못 사용했고, 근본적으로 상대가 무슨 말을 하고 있는지 모른다는 뉘앙스를 풍기는 것이다.

더 공격적이고 상대를 주눅 들게 하고 싶다면 "그 말의 뜻이 뭔지 정의를 한번 내려보라"는 요구를 할 수도 있다. 상대가 더듬거리면 "무슨 뜻인지 설명도 하지 못하는데 이 이야기를 계속할 필요가 있겠어요?"라며 바로 공격에 돌입한다.

사실 열띤 토론으로 흥분한 상태에서 상대를 만족시킬 수 있을 만큼 개념을 명확하게 정의할 수 있는 사람은 많지 않다. 이렇게 되면 상대의 코를 납작하게 만들 수 있다.

하지만 이 방법은 강력한 만큼 위험성도 크다. 망신을 당한 상대가 역공을 똑같이 날릴 테고, 당연히 좋은 감정으로 헤어질 수 없는 분위기가 형성될 것이다. 따라서 두 번 다시 얼굴 볼 일 없는 상대와 소통의 끈을 완전하게 잘라버리겠다는 생각이 아니라면 될 수 있는 대로 자제하는 편이 좋다.

TIP

역으로 상대가 당신에게 "무슨 뜻이죠?"라고 개념 정의를 요구한다면 아주 침착하게 대응해야 한다. 상대에게 의사소통을 계속할 뜻이 있는지 물어보고, 당신은 그런 뜻이 없어 보인다는 점을 밝혀라. 공격이 목적이라면 더 이상 대화를 지속할 이유가 없다.

31

독이 든 칭찬

scene

S가 열심히 준비한 프로젝트가 성공적으로 끝이 났다. 축하의 의미로 팀 회식 자리가 마련되었다. 동료가 S에게 '축하'의 의미로 술을 따라준다. "정말 고생했네. 잘했어. 이제 좀 괜찮은 업무를 맡아야지." 이때 옆에서 또 다른 동료가 한마디 더 거든다. "그러게요. 이번 일은 평소보다 빨리 끝내셔서 참 다행이에요."

당신도 이런 '독이 든 칭찬'을 받아본 적이 있는가? 속으로는 화가 나고 자존심도 상하지만, 어쨌든 겉으로는 칭찬의 탈을 쓰고 있어서 뭐라 대꾸해야 좋을지 당황스럽다.

이렇게 상대의 입을 막아버리는 것, 이것이 바로 '독이 든 칭찬'의 목적이다. 어쨌거나 겉으로는 칭찬이기 때문에 상대의 말에 휩쓸리면 제대로 대응할 수 없다. 비난은 반박할 수 있지만, 칭찬은 반박할 수 없으니 말이다.

다음 상황을 보자.

V가 단종 제품을 재생산할 수 있는 아이디어를 냈다. 담당 생산부장에게 기획안을 들고 가 설명한다. 별 관심 없는 표정으로 그의 설명을 듣던 생산부장이 이렇게 말한다. "재미있네요. 현실 불가능한 아이디어지만 독창적이긴 해요. 고생했어요."

'독이 든 칭찬'은 공개적으로 비난할 용기가 없는 사람들이 자주 쓰는 방법이다. 겉보기엔 칭찬이지만 그 속을 들여다보면 꿍꿍이가 있다. 그들은 왜 그런 말을 하는 걸까? 바로 2가지 이유 때문이다.

- 상대는 당신을 비난하고 싶지만 그렇다고 당신에게 상처를 주고 싶지는 않다. 많은 상사가 부하 직원들에게 대놓고 비난하지 못하는 이유와 비슷하다. 그들은 일단 칭찬부터 해놓고 지나가는 투로 비난을 곁들인다. 비난부터 하면 부하 직원의 사기가 떨어질지 모르니까 말이다.
- 상대는 당신을 깔아뭉개고 싶다. 당신을 라이벌로 여기거나 '비호감'으로 생각할지도 모르겠다. 하지만 솔직하게 털어놓을 용기는 없어서 당신에게 특별히 호감이 있는 것처럼 행동하는 것이다.

첫 번째 경우일 때, 다시 말해 상대를 배려할 생각이 있는 상사나 동료라면 조심스럽게 대응해야 한다. 상대가 정말로 원하는 것이 무엇인지 캐묻기 기술이나 뒤에서 소개할 번역 기술을 이용해 밝혀내보자. 거짓 칭찬보다는 솔직한 비난이 더 좋다고 넌지시 알려주는 것도 좋은 방법이다.

한편 독이 든 칭찬은 낙하산 줄 기능을 한다. 즉 다른 사람들의 눈치를 봐서 줄을 잡아당겨도 될 것 같으면 '독'을 드러내고, 다들 진심으로 칭찬하는 분위기여서 자신의 '독'이 별 호응을 얻지 못할 것 같으면 얼른 칭찬 쪽으로 후퇴하는 것이다. 다음 상황처럼.

scene

S가 팀의 업무 성과를 발표한다. 한 동료가 나름의 평가를 내린다. "훌륭합니다." 그러더니 옆눈으로 팀장을 흘깃거리면서 이렇게 덧붙인다. "파워포인트인데도 별로 지루하지 않았어요, 초반엔." 팀장이 끼어들며 "정말 좋았어요"라고 외친다. 그런 뒤 "잘했어, 수고했어요"라며 덧붙인다. 그러자 동료가 얼른 말을 바꾼다. "네, 정말 좋았죠? 파워포인트로 만든 프레젠테이션 자료였다는 걸 감안하면……."

이런 상황일 때 대응하는 기가 막힌 방법이 하나 있다. 상대의 꿍꿍이를 그대로 보여주는 것이다. 다시 말해 칭찬의 보따리를 풀어서 그 안에 뭐가 들어 있는지 모두가 볼 수 있게 만드는 것이다. 이때는 공격의 날을 약간 세워도 좋다. S의 경우라면 동료의 평가에 이렇게 대꾸할 수 있을 것이다. "그러니까 후반부엔 너무 졸려서 잠 잤다는 말이 하고 싶은 건가요?"

이렇게 칭찬의 정체를 보여주고 나서는 캐묻기 기술로 다시 한번 확실히 못을 박는다. "제 말이 맞습니까? 그 말이 하고 싶었던 거죠?"

다만 독이 든 칭찬이 비아냥거림이나 비꼬는 말일 때는 특히 조심해야 한다. 이때도 원칙적으로는 그 말의 정체를 폭로할 필요가 있지만, 상대가 수긍하고 굴복할지는 미지수다. 이럴 때의 대응 전략에 대해서는 뒤에서 더 자세히 알아보자.

TIP

당신에게 심각한 해가 된다면 독이 든 칭찬의 정체를 만천하에 공개해야 한다. 그리고 캐묻기 기술로 상대의 진짜 속내를 모두가 알게 하라. 상대는 칭찬의 탈을 쓴 비난을 철회하거나 속내를 고백할 수밖에 없을 것이다.

32

부드러운 말로 번역하라

번역 기술은 상대의 공격을 받았을 때 가장 효과적인 방어 전략 중 하나다. 내용도 변화무쌍하게 바꿀 수 있고, 강도도 마음대로 조절할 수 있다. 유쾌할 수도, 공손할 수도, 공격적일 수도, 우아할 수도, 뻔뻔할 수도, 약간 어리벙벙할 수도 있다. 부당한 비난은 물론이고 원칙적으로 모든 공격에 대응할 수 있는 기술이므로 자주 사용해 갈고닦을 필요가 있다.

번역 기술의 원칙은 아주 간단하다. 번역가가 되어 상대의 악의 있는 공격을 부드럽고 상냥한 말로 바꾸는 것이다. 번역가의 역할을 자처해 상대가 방금 한 말을 나의 말로 다시 설명하면 자신감을 키울 수 있고, 대화의 방향을 주도적으로 조절할 수 있다.

원칙 1: 상대의 비난에 휩쓸리지 마라

누가 내 이야기를 하면 귀가 솔깃해지는 게 사람이다. 나도 모르게 그 내용에 관심을 기울이게 되고, 나름의 입장을 취하게 된다. 어쨌든 '나'의 이야기니까 말이다.

'나'는 인간이 가장 귀를 곤두세우는 주제다. '나'에 대한 비난이므로 내가 직접 나서서 그릇된 부분을 지적하고, 나의 시각에 맞게 바로잡는 것이다.

하지만 번역 기술은 다르다. '나'라는 개인은 무대에서 사라진다. 무대 밖으로 물러난 '나'는 그저 상대의 말을 반복할 뿐이다. 물론 다른 말을 쓴다. 모욕도 칭찬의 말로 탈바꿈시킬 수 있게끔 말이다.

---

scene

"자네 머리는 정말 돌이군." Q가 P에게 벌컥 화를 낸다. P가 담담하게 대꾸한다. "맞아, 내가 이 회사의 주춧돌이잖아."

원칙 2: 누구나 공감할 수 있어야 한다

상대의 독설을 무작정 입에서 살살 녹는 사탕으로 바꿀 수는 없다. 두 문장 사이에는 연결고리가, 생각의 다리가 필요하다. 혼자만 앞서가는 바람에 아무도 못 알아듣는다면, 그게 무슨 순발력 있는 대답인가.

바로 앞 상황에서 '돌'이 어떻게 '주춧돌'로 변모할 수 있었는지 살펴보자. '돌'은 주로 머리가 나쁜 사람한테 쓰는 말이다. 따라서 돌의 긍정적인 측면을 찾아야 달콤한 말로 번역할 수 있다. 누구나 공감할 수 있는 돌의 장점은 여러 가지가 있을 것이다. P는 그중에서도 자신을 회사를 떠받치는 주춧돌에 비유한 것이다.

scene

"자네 머리는 정말 돌이군." Q가 P에게 화를 낸다. P가 대꾸한다. "아무렴, 내가 없으면 회사가 무너질 거야."

33

'꿀벌의 혓바닥' 기술

번역 기술엔 3가지 '혓바닥'이 있다. 이 3가지 '혓바닥'은 각각 다르게 사용할 수 있다. 방금 앞에서 소개한 기술은 상대의 독설을 달콤한 말로 바꾸는 '꿀벌의 혓바닥'이다. 나머지 두 '혓바닥'은 다음과 같다.

- **독사의 혓바닥:** 상대의 독설을 더 독한 말로 바꾼다.
- **외교관의 혓바닥:** 상대의 독설에서 독기를 빼면서, 자신을 상대보다 나은 위치로 슬쩍 끌어올린다.

먼저 꿀벌의 혓바닥 기술은 공격에 유머를 곁들이는 맛깔스러운 번역이다. 상대가 한 말의 의미를 내 마음대로 바꾸며, 또 바꿔야 마땅하다. 이는 전혀 관련 없는 2가지를 이어 붙여 웃음을 유발하는 기술이다. 사실 유머의 작동 원리도 이와 같다. '불가능'해 보이는 연결을 즐기며 웃음을 터트리는 것이다.

준비 없이 되는 일은 없다

'꿀벌의 혓바닥'은 장난스럽기도 하지만 상당히 수준이 높은 기술이다. 재치도 있어야 하고 유머 감각도 필요하다. 그러므로 어느 정도의 준비가 필요하다.

공격을 당할 때마다 재치 있는 유머가 입에서 줄줄 나오는 사람은 별로 없다. 매사에 준비하는 것이 관건이다. 평소에 어떤 공격을 당할 수 있을지, 어떤 말이 내게 상처가 되는지, 어떻게 하면 그에 대응할 수 있을지 상상력을 발휘해보자. 이런 연습은 실제 상황에서 상상 이상으로 큰 도움이 될 것이다.

하지만 번역을 하려면 긍정적인 해석을 가미할 '연결고리'가 필요하다. '돌대가리', '식충이!'처럼 모욕적인 비방은 꿀벌의 혓바닥 기술로 대처하기에는 적합하지 않다. 번역할 수 있는 연결고리도 없을뿐더러 이 기술은 그런 심한 공격에 대처하기에는 너무 부드럽다. 심한 모욕을 당하고도 시시덕거리며 말장난으로 대응할 수야 없지 않은가!

그런데 또 거꾸로 생각해보면 상대의 공격이 효과를 전혀 발휘하지 못했다는 사실을 알리는 데 유머나 말장난만큼 좋은 수단도 없다.

게다가 꿀벌의 혓바닥 기술은 특히 상대가 당신을 자기와 비교하며 깎아내릴 때 쓰기에 아주 적절한 방법이다. 앞에서는 '돌'을 예로 들었다. 그럼 '돼지', '꼴찌' 같은 말을 어떻게 재미있게 번역할 수 있을까?

scene

Q가 머리를 절레절레 흔든다. "P, 자넨 정말 돼지 같아." P가 히죽 웃으며 대답한다. "맞아. 만인의 사랑을 한몸에 받는 삼겹살이지."

또 다른 예를 살펴보자.

scene

Q가 V에게 시비를 건다. "화장이 너무 진한 거 아닌가? 완전 피에로가 따로 없네." V는 웃으면서 대답한다. "맞아. 환한 웃음 뒤에는 아무도 모르는 눈물이 있지. 공감 능력이 떨어지는 동료가 많아서 말이지."

문제의 Q가 P에게 또 이렇게 말한다. "자넨 늘 꼴찌를 맡아서 하는군." P가 대답한다. "맞아. 주인공은 마지막에 등장하는 법이거든."

34

'독사의 혓바닥'이 필요할 때

독사의 혓바닥 기술은 앞서 이미 배운 방법이다. 기억나는가. 독이 든 칭찬의 정체를 밝히면서 써먹어본 적이 있다. '독사의 혓바닥'은 어느 수준을 넘어선 무례한 행동에 당당하게 대응하고, 당신을 멋대로 조종하려는 상대의 음모에 대응하는 데 더없이 적합하다.

scene

"이 옷 어때?" O가 친구에게 새로 산 옷을 자랑한다. "잘 어울리네, 너 정도한테 딱 맞아." 왠지 대답하는 친구의 말투에 비아냥거림이 섞여 있다. O는 말한다. "아……, 그러니까 나한테 딱 어울릴 만큼 옷이 형편없단 말이구나?"

S가 어제 TV에서 본 드라마 이야기를 신나게 떠들고 있다. 옆자리 동료가 끼어든다. "난 드라마 같은 거 절대 안 봐요. 할 일이 얼마나 많은데." 이에 S가 조용히 반박한다. "그러니까 내가 할 일이 없어서 드라마나 보는 게으름뱅이라는 소린가요? 이런 황송한 칭찬이 있나."

이 상황들처럼 '독사의 혓바닥'은 약간의 과장이 필요하다. 상대의 말을 원래보다 약간 더 악의적으로 해석해 반복하기 때문이다. 그리고 상대의 말에 숨은 비열함을 끄집어내어 상대의 코앞에 들이미는 것이다. 아무리 둔한 상대도 자기가 지나쳤다는 사실을 알아차릴 수 있도록 확실하게 대꾸해야 한다. 그래야 상대의 무례한 언사에 아무런 대꾸도 하지 못하고 꾹 참아야 할 때 치밀어 오르는 불쾌한 감정을 한 방에 날려버릴 수 있다.

O가 옷을 자랑하던 장면으로 다시 돌아가보자.

scene

O가 친구의 말에 이렇게 대답한다. "그러니까 나한테 딱 어울릴 만큼 옷이 형편없단 말이구나?" 친구가 놀라 입을 막으며 대답한다. "내가 그렇게 말했어? 그렇게 들렸다면 미안해."

당연히 O는 친구의 사과를 받아주고 분위기는 다시 화기애애해진다. 이처럼 상대가 당장 자신의 행동을 사과할 수도 있지만, 그런 뜻이 아니었다고 반박할 확률도 높다. "아니, 너는 왜 내 말을 어떻게 그렇게 해석해?", "너무 과민반응 아냐?" 그럴 땐 차분한 어조로 이렇게 말하자. "내가 과민한 게 아니라 네 말투가 그랬어."

상대가 좀 더 세게 나올 경우도 있다. 이런 식으로 말이다. "네가 굳이 그렇게 받아들이겠다면 나도 어쩔 수 없지." 이럴 때 당신은 어떻게 대답할 수 있을까? "그래. 난 그렇게 해석했어. 넌 정확히 어떤 뜻이었는데?"

상대가 대답을 회피하거나 계속 무례하게 군다면 다시 한번 '독사의 혓바닥'을 휘둘러 상대의 말을 요약한 뒤 이렇게 덧붙인다. "그래서 나는 기분이 나빴어." 당신이 이번에도 1점 먹었다.

혹은 상대가 길길이 뛰며 이렇게 말할 수도 있다. "미쳤어? 말도 안 되는 소리 좀 하지 마." 화를 내는 상대방을 어떻게 다룰 것인지는 뒤의 Step 6에서 좀 더 상세히 알아보기로 하고, 여기서는 이렇게 대응하는 것으로 마무리하자. 느긋하게 의자에 기대며 이렇게 대답하는 것이다. "네 반응을 보니 내가 정곡을 찌르기는 찔렀네."

호락호락 넘어가지 마라

독사의 혓바닥 기술은 상대의 조작 의도를 막는 데도 효과가 크다. 방법은 아주 간단하다. 당신이 판단한 상대의 행동 동기를 그대로 말로 표현하는 것이다. 물론 약간의 과장이 필요하다. 하지만 상대의 말을 약간 부풀려 해석하면서 동시에 웃거나 눈을 찡긋하면, 상대의 공격성을 살짝 완화시킬 수 있다.

scene

"오늘 계약하시면 10퍼센트 할인해드려요." 판매원이 W에게 제안한다. W가 머리를 긁적이다가 싱긋 웃으며 대답한다. "그러니까 제가 당신 제안에 혹해서 정신없이 사인을 하면 깎아줄 수 있다, 이 말씀이네요."

"ABC 은행은 자체 상품만 추천합니다. 저희는 연계 상품이 많습니다." 자기 은행 자랑에 여념이 없는 은행 직원에게 W가 웃으며 말한다. "그러니까 이 은행은 추천할 만한 자체 상품은 없나 보네요."

당신의 악의 섞인 해석에 상대가 짜증을 낼 수도 있다. 그러나 상대가 당신을 멍청한 호구로 보고 구매를 강요한다면 그 정도의 대응은 정당하다. 당신을 그저 호락호락한 멍청이로 생각해서는 안 된다는 신호를 보내는 것이니 말이다.

피해의식에 사로잡히면

세상만사가 도를 넘으면 모자란 것만 못한 법! 상대가 별 뜻 없이 던진 말에 과도하게 반응하면 사람이 우스워 보인다. 상대가 이해할 수 있을 정도로 과장하는 데서 멈추어야 한다. 그러지 않으면 상대가 '왜 저렇게 과민반응이야? 어디 찔리는 구석이라도 있나?' 하고 의아하게 생각할 것이다.

상대가 당신의 말에 어떻게든 반응해야 한다면 "맞습니다. 제대로 보셨습니다"라고 순순히 대답할 리는 없다. 그것은 누구라도 마찬가지다.

TIP

가끔 당신의 반응이 지나쳐 상대가 난감해할 수도 있다. 그럴 땐 눈을 찡긋하면서 이렇게 덧붙여라. "농담이야, 농담". 그리고 환하게 웃는다. 그래도 상대가 여전히 뚱해 있거든 정식으로 미안하다고 사과하라.

35

'외교관의 혓바닥' 기술이
가장 효과적이다

scene

상사 X가 Y의 책상을 쳐다본다. "도표가 어디 있나?" 하지만 Y는 제
정신이 아니다. "도표, 도표, 잠깐만요. 먼저 이메일부터 쓰고 전화 한
통 하고 도표 찾아드릴게요. 이 회사는 사람을 너무 부려먹는다니
까." X가 당황해서 한마디한다. "저기, 자네 진정 좀 하고……."

상사의 반응이 그다지 시원치 않다. 커뮤니케이션 전문가들이 적
극 추천하는 기술인 '외교관의 혓바닥'을 이용하면 이런 일은 일어
날 수 없다. 왜 그럴까?

이 기술은 특별히 악의가 있는 것도 아니고 특별히 유머러스한
것도 아니지만, 사람들 간의 협력과 공생에 도움이 되기 때문이다.
뛰어난 유머 감각을 과시해 좌중의 마음을 사로잡지는 못하겠지만,
적을 많이 만들지도 않는다.

의사소통의 장으로 이끌어라

외교관의 혓바닥 기술은 분위기를 진정시키는 데 효과가 좋다. 다른 기술들이 갈등을 오히려 더 부추길 수 있는 데 반해, 이 기술은 감정을 누그러뜨려 대화를 다시 객관적 차원으로 되돌릴 수 있다.

어떻게 하면 되냐고? 아주 간단하다. 상대의 모욕적 언사를 좀더 타협적인 표현으로 바꾸는 것이다. 누군가 당신에게 벌컥 화를 낸다. "당신은 정말로 내 인생에 도움이 안 되는 걸림돌이야." 이렇게 별로 유익하지 않은 말을 다른 차원으로 번역해낼 수 있다. "제 행동이 마음에 안 드셨나 봅니다."

그러니까 독사의 혓바닥 기술에서 했던 것과 정반대로 하면 된다. 모든 독을, 일체의 악의성 어투를 제거하는 것이다. 상대는 즉각 당신의 번역에 동의할 것이다. "그래요, 마음에 안 들어요." 이렇게 되면 대화는 다시 객관적 차원으로 되돌아갈 수 있다. 그래도 대화가 여전히 감정적 차원에서 맴돌거든 다시 한번 같은 방법을 써본다.

이 방법을 그저 무난한 기술로, '약자들을 위한 순발력 기술' 정도로 치부하는 건 큰 착각이다. 결론적으로 말해 외교관의 혓바닥 기술이 효과가 가장 크기 때문이다. 상대의 공격의 날을 무디게 만들 뿐아니라, 상대의 관심을 당신이 중요하게 생각하는 국면으로 전환시킬 수 있다.

물론 모든 상대를 즉각 객관적 대화의 장으로 이끌 수는 없다. 때로 상대는 화가 덜 풀려 계속해서 씩씩거릴 수도 있다. 그럼에도 그에 굴하지 않고 외교관의 혓바닥 기술로 번역을 계속한다면, 결국 상대도 두 손 들고 객관적 차원으로 따라갈 수밖에 없을 것이다.

결론적으로 보면 당당하게 대처한 쪽은 당신일 테고, 상대는 감정에 사로잡혀 전전긍긍하는 꼴이 될 것이다. 말할 것도 없이 당신의 승리다. 하지만 상대가 반드시 당신의 해석에 동의할 것이라고 기대하는 건 착각이다. 거꾸로 격하게 항의할 수도 있다. 그래도 상관없다. 상대에게 상황 정리를 요구하라.

아니면 또 다른 외교관의 혓바닥 기술을 써라. 조금만 연습하면 이 방법으로 교묘하게 대화를 주도할 수 있다. 이것은 당신이 상사여서 부하 직원의 공격에 대응해야 할 때 특히 유익하다. 외교관의 혓바닥 기술을 이용해 부하 직원을 의사소통의 장으로 이끌 수 있을 것이다. 한 번 더 Y와 상사 X의 이야기를 살펴보자.

scene

Y는 지금 제정신이 아니다. "이 회사는 사람을 너무 부려먹는다니까." Y의 갑작스러운 불평에 당황했던 조금 전과 달리 X는 담담하게 대꾸한다. "그러니까 자네는 지금 부당한 대우를 받고 있다고 생각하나?" "아니 뭐, 부당한 대우까지는 아니더라도 기분이 좋지는 않지요. 할 일이 많아 정신이 없는데 부장님은 제 입장을 전혀 배려하시지 않으시잖아요. 맘에 안 드시면 말도 함부로 하시고." X는 곰곰이 생각하더니 이렇게 대답한다. "그러니까 대우는 잘해주는데 내 말이 기분 나쁘다, 뭐 그런 거네?" "대충 비슷해요."

36

감정에는 이성으로

외교관의 혓바닥 기술은 윗사람만 써먹을 수 있는 방법이 아니다. 당신이 부하 직원이더라도 상사에게 사용할 수 있다. 물론 이때 무례한 메시지는 잘 걸러내야 한다.

scene

Y가 X의 사무실로 머리를 빼꼼히 들이민다. "급한 결재 건이 있는데 2분 정도 시간 있으세요?" "아, 바쁜 거 안 보여요? 시간 없어요." X가 화를 낸다. 여기에 개의치 않고 Y가 말한다. "10분 뒤에 다시 올까요?" "15분 뒤." X가 신경질적으로 대답한다.

상황이 금방 나아지지는 않더라도 외교관의 혓바닥 기술은 유익할 때가 아주 많다. 정상적인 대화로 돌아갈 문을 항상 열어두고 있기 때문이다. 설사 상대의 말투가 순해지지 않더라도 이 기술은 나름대로 의미가 있다. 적어도 당신은 이성을 잃지 않는다는 것이다.

다시 한번 X와 Y. "급한 결재 건이 있는데 2분 정도 시간 있으세요?"

X가 화를 내며 "아, 바쁜 거 안 보여요? 시간 없어요"라고 말한다. 이

에 Y가 대답한다. "그럼 10분 뒤에 다시 올까요?" "제정신이에요? 이

게 10분 만에 끝날 일 같아 보여요?" X가 다시 버럭 화를 낸다.

Y는 다시 이렇게 대답한다. "그럼 제자리로 가 있겠습......" 이때 X가

Y의 말을 중간에서 자르며 소리친다. "제자리로 돌아가든지 아예 짐

싸서 집으로 가든지 내 알 바 아니니까 제발 나 좀 가만히 내버려둬."

Y는 담담하게 말한다. "정말 바쁘시군요, 그럼 바쁜 일 끝내시면 알

려주세요."

상대가 화를 낼 땐 유념해야 할 사항이 따로 있다. 이에 대해서는
다음 Step 6에서 알아보기로 하자. 어쨌든 상대가 이성을 잃은 상황
에서는 외교관의 혓바닥 기술도 별 도움이 안 된다. 하지만 상황이
지나치게 악화되는 것은 막을 수 있다.

거울 기술

'외교관의 혓바닥'을 잘 이용하면 화가 난 상대를 진정시킬 수 있을
뿐 아니라, 상대를 교묘하게 조종할 수도 있다. 상대의 말을 어떻게
'해석'하느냐는 전적으로 당신의 소관이기 때문이다. 사정에 따라
어떤 측면을 강조할 수도 있고, 또 다른 측면을 강조할 수도 있다.

그런데 진짜 중요한 측면은 어떤 것일까? 독일의 커뮤니케이션 전문가 크리스토프 담스Christoph Dahms와 마티아스 담스Mathias Dahms는 내가 이야기하는 '번역 기술'과 거의 유사한 '거울 기술'을 개발했다. 그리고 거울 기술을 5가지 차원으로 세분했다. 이 기술은 '번역 기술'의 보조로 활용할 만하니 한번 살펴보자. 공격당한 사람의 시점에서 보면 이 5가지 차원은 다음과 같다.

- **나─차원:** 상대의 입장에서 해석한다.

  "그러니까 당신은 부당한 대우를 받았다고 생각하는군요."

  → **장점:** 관심의 대상이 상대와 상대의 상황으로 향한다.

- **너─차원:** 공격을 당한 사람의 입장에서 해석한다.

  "내가 중요한 서류를 제대로 챙기지 않아서 불만이군요."

  → **장점:** 상대가 당신에게 무엇을 기대하는지 신속하게 파악한다. 공격의 날을 무디게 하고 상대의 공격에 나름의 방어를 취할 수 있다.

- **우리─차원:** 나와 상대에 관련된 말을 던진다.

  "그러니까 오늘은 서로 부딪치지 말자는 뜻이군요."

  → **장점:** 개인적인 관계가 문제의 사안이라면 가장 효과가 빠른 방법이다.

- **정보 차원:** 사실과 관련된 말을 던진다.

  "내일까지 서명해주셔야 해요."

  → **장점:** 감정을 배제하고 지금 당면한 중요한 문제에 대해서만 의사소통한다.

■ **호소 차원:** 상대의 말을 요구사항으로 이해한다.

"오늘은 누구한테도 방해받고 싶지 않으신가 봐요."

→ **장점:** 상대가 원하는 바를 신속하게 파악하면 충돌 시간을 단축

할 수 있다.

이 5가지 차원은 무궁무진하게 변형할 수 있다. 이 중 한 차원에서라도 쌍방 간의 합의가 도출된다면 대화 분위기는 급속히 변화할 것이다.

'나-메시지'를 잊지 마라

미국의 심리학자 토머스 고든Thomas Gordon은 '적극적 청취active listening'라는 개념을 개발한 바 있다. 배경은 다르지만 나의 '외교관의 혓바닥'과 중첩되는 부분이 있다.

고든이 내놓은 방법을 응용한 또 다른 기술도 있다. 바로 '나-메시지'의 전달이다. '나'를 강조하니 혹시 이기적인 방법이 아닐까 하고 우려할 수도 있겠지만, 실상은 전혀 그렇지 않다. 이는 상대와 의견 일치를 보는 데 큰 도움이 되는 방법이다.

'너-메시지'는 기본적으로 "너는 이런저런 것을 해야 해!"라고 말하기 때문에 대결을 지향한다. 이렇게 되면 상대는 자기도 모르는 사이에 방어 태세에 돌입하게 된다. 그에 비해 '나-메시지'는 정반대다. 당신이 상대에게 원하고 있는 것이나 기대하고 있다는 것

을 은연중에 전달하는 것이다.

외교관의 혓바닥 기술에 '나-메시지'를 넣어보는 것도 추천한다. 상대가 당신의 말이 향하는 목표는 상대일 뿐이고, 당신 자신에 대해서는 전혀 말하는 바가 없다고 오해할 수도 있으니 말이다.

scene

X가 Y에게 일을 방해받자 화를 벌컥 낸다. "제자리로 돌아가든지 아예 짐 싸서 집으로 가든지 내 알 바 아니니까 제발 나 좀 가만히 내버려둬." Y는 이렇게 말한다. "알겠습니다. 그런데 그렇게 말씀하시지 않고, 그냥 방해하지 말라고 하셔도 알아들었을 텐데요."

TIP

번역하는 것만으로 모든 문제가 다 해결되지는 않지만, 특히 외교관의 혓바닥 기술은 당신과 상대가 소통할 수 있는 기반을 찾도록 도와줄 것이다. 그러므로 상대의 말을 '번역'한 후엔 그 말에 대한 당신의 입장(동의든 반대든)도 분명히 해야 한다.

상대가 무작정
화를 낸다면

상대의 머리 '뚜껑'이 열리면 순발력 있는 대답만으로는
상대를 도저히 진정시킬 수 없다.
이럴 때의 서툰 순발력은 불난 집에
부채질하는 격이 될 수 있으므로 조심해야 한다.

37

왜 별것 아닌 것에 분노할까?

분노는 축적된 에너지다. 설사 부정적인 것이 아니었더라도 현실에서는 부정적인 작용을 하는 경우가 대부분이다. 화가 나면 이성을 잃어버리기 때문에, 말 그대로 제정신이 아니기 때문이다. 화가 나면 우리는 이성적으로 행동하지 못하고 그 분노에게 끌려다닌다. 우리가 화를 끌고 다니는 게 아니라, 화가 우리를 끌고 다니는 것이다.

하지만 이 정도로 자제력을 잃으려면 몇 단계를 거쳐야 한다. 일단 보통 수준 이상으로, 너무너무 화가 나야 한다. 대부분은 일이 계획대로 되지 않거나 누가 고의로 발을 걸어 일을 방해하는 바람에 희망이나 기대가 무너졌을 때, 불같이 화를 내게 된다. 그리고 그 화에 어찌할 바를 모르겠다는 속수무책의 심정이 합쳐지고, 이 감정이 내면의 에너지와 결합하면 마침내 분노가 솟구쳐 오르게 된다.

분노의 대상

분노로 가득 찬 상태에서는 그것을 터트릴 대상이 있어야 한다. 즉 분노는 무언가, 혹은 누군가를 향하게 되어 있다. 생각해보면 예전부터 조금씩 쌓여온 화가 별것 아닌 것 때문에 폭발할 때도 있지 않은가. 그러면 그 사건과 관련된 당사자는 딱히 잘못하지 않았는데도 분노의 표적이 되어버릴 수 있다.

물론 그 사람이 실수했거나, 무심했거나, 상황에 맞지 않게 행동했을 수도 있다. 비유하자면 그 사람은 물이 가득 찬 물통의 물을 넘치게 만든 것이다. 이미 물로 가득 찬 물통은 한 방울의 물만 더해져도 금방 넘치는 법이다.

한편 분노는 권력과 무력의 동시 신호다. 화를 내는 사람이 주도권을 장악해 속수무책인 상대에게 분노를 터트리니 그야말로 권력이라 할 만하다. 분노는 상대의 반항을 참지 못한다. 반항하면 할수록 더 커진다.

하지만 동시에 화를 내는 사람은 무력하다. 이성적으로 당당하게 행동하는 것이 아니라 분노에 압도당해 자제력을 잃어버렸기 때문이다. 심지어 그것이 자기에게 손해가 되는데도 어떻게 할 수가 없다.

분노에 어떻게 반응해야 할까?

누군가 눈앞에서 화가 나서 있는 대로 소리를 지르고 있다면 평소의 감정 상태를 유지할 수 있는 사람은 그리 많지 않을 것이다. 이럴 때 사람들의 반응은 대체로 2가지로 나뉜다.

- 같이 화를 내며 소리를 지른다. 싸움이 격해진다.
- 화가 나거나 모욕적인 기분이 들어도 꾹 참고 상대의 화가 풀릴 때까지 기다린다.

상대가 화를 내면 나도 당연히 화가 난다. 아무 잘못도 없고 책임도 없는 것 같을 때 특히 그렇다. 그래서 반박하기 시작하고, 시간이 흐르면서 상대와 마찬가지로 자제력을 잃고 목소리를 높이며 고함을 지르게 된다.

결과는 참혹하다. 상대의 분노는 점점 더해간다. 나중엔 정말 자존심 때문에라도 그만둘 수가 없으므로 둘 중 하나가 자리를 피하지 않는다면 상황은 돌이킬 수 없는 수준에 이를 수도 있다.

그렇게 되면 싸움이 끝나고 나서도 관계를 회복하기까지 많은 시간과 노력이 들어갈 수밖에 없다. 깨진 유리 조각을 다시 이어 붙이는 일은 결코 쉽지 않다. 단 한 번의 싸움으로도 영원한 결별이 가능한 것이 바로 인간관계다.

TIP

화를 내는 상대 때문에 당신도 슬슬 화가 치밀어오르기 시작하거든 그 자리를 얼른 피하는 게 상책이다. 어떤 일이 있어도 똑같이 화를 내서는 안 된다. 자리를 떠나면서 화를 참지 못해 문을 쾅 닫고 나갈 지언정 일단 그 자리를 피하는 것이 맞받아 고함을 지르는 것보다 훨씬 낫다.

38

공포에 압도된 표정은 금물

상대가 화가 나서 미친 듯이 소리를 지르는데 꾹 참고 듣고 있노라면 기분이 좋을 리 없다. 치욕적인 기분마저 든다. 변덕이 심한 상사를 둔 경험이 있는 사람이라면 이 무기력하고 치욕적인 기분을 100퍼센트 공감할 수 있을 것이다. 상대는 나보다 힘이 세다. 나보다 높은 자리에 있다. 대항할 수도 없고, 참고 있자니 속에서 부글부글 끓어오른다.

그러나 뭐니 뭐니 해도 당신을 난처하게 만들기 위해 당할 때만큼 속이 쓰릴 때는 없을 것이다. 당신이 정말 잘못해서 상대가 화를 내는 게 아니라 권력을 과시하고자 치밀한 계산하에 당신을 괴롭혔다고 상상해보라. 얼마나 치가 떨리고 화가 나겠는가.

그럼에도 우리는 교양인이다. 상대의 실수를 지적하는 방법은 상대와 똑같이 소리를 지르지 않더라도 얼마든지 있다. 역으로 그 누구도 당신에게 소리를 지를 수 없다. 그러니 그걸 언제까지고 참고 있을 필요가 없다.

하지만 화가 머리끝까지 난 상사가 달려와 당신의 얼굴을 향해 분노의 펀치를 날릴 때는 이런 진리도 아무 소용이 없다. 화를 내는 상사를 향해 건설적인 갈등 해소 방법에 대해 강의를 하겠는가? 말도 안 되는 소리다. 그런 상황에서 필요한 건 무엇보다 냉정함과 거리, 두꺼운 방패다.

Step 2에서 말한 '마음의 충돌 방지 유리막'을 기억하는가. 누군가 당신을 향해 말도 안 되는 비난을 퍼부을 때 큰 도움이 되는 방법이었다. 이번에도 그 방법이 효과를 발휘할 수 있다.

상대가 화를 내며 소리를 질러대거든 가만히 기다려라. 흥분하지 말고 그와 당신 사이에 유리막을 쌓아라. 고함도, 분노의 몸짓도 유리막을 맞고 튕겨 나가버릴 것이다. 절대 '공포에 압도된 표정'을 짓거나 움찔하면 안 된다. 최대한 평소 자세를 유지하려고 노력하라.

TIP

최대한 평소 자세를 유지하라고 해서 화를 내는 상대에게 보란 듯이 아무 일 없다는 표정을 짓거나 당당하고 꼿꼿한 자세를 취하는 것은 잘못이다. 상대는 "마음껏 짖어봐! 나하곤 상관없으니"라는 메시지를 전달받은 느낌일 테니, 감정은 격화일로로 치닫게 될 것이다.

잊지 마라. 분노의 폭발은 감정의 예외 상황이다. 지하실이 있는 집을 상상해보자. 지금 그 집의 지하실이 상대의 분노로 가득 차 있다.

지상에서 당신은 상대와 마주 앉아 객관적으로 사태를 정리하려고 애쓰고 있다. 그동안 지하실에서는 상대의 분노가 날뛰고 있다. 그러니 그를 거기 혼자 내버려둬라. 그를 따라 지하실로 내려가지 말고.

순발력 있는 대답이 화를 불러올 때

상대가 화를 내고 있을 땐 순발력 있는 대답은 자제해야 한다.

---

scene

팀장이 화가 나서 어쩔 줄 모른다. "S 씨, 나한테 할 말 없어? 아니, 대체 영업부에 메일을 어떻게 보낸 거야? 제정신이야? 아주 돌아버리겠네." S가 당당하게 대답한다. "팀장님, 도시면 안 됩니다." 팀장의 목소리가 더 커진다. "뭐? 지금 나하고 장난해? 나가!"

S가 또 가만히 못 있고 입을 연다. "할 말 없냐고 하셨잖습니까?" 팀장이 마침내 이를 갈면서 으르렁거린다. 그리고 있는 대로 고함을 지른다. "당장 나가!"

두말이 필요 없다. 이럴 때의 순발력 있는 대응은 불난 집에 부채질하는 격이다. 또 상대가 물고 늘어질 말꼬리가 될 뿐이다. 화가 난 상대는 무슨 말이라도 퍼부을 수 있다. 결국 말도 안 되는 억지와 트집으로 서로 감정만 격해질 뿐이다.

물론 이 책을 끝까지 다 읽고 순발력 기술을 습득해 무기고를 꽉

채웠다면 어떤 상대와도 붙어볼 만하겠지만, 설사 그렇다 해도 순발력은 아껴두었다가 더 유익한 일에 쓰는 게 좋지 않을까.

TIP

분노의 단계에선 상대가 마음껏 분노하게 내버려둬야 한다. 대답을 하더라도 일체의 감정을 배제한 채 간결하고 객관적으로 해야 한다. 변명하거나 이런저런 이유를 늘어놓아서는 안 된다. 나중에 써먹어야 할 이유들을 괜히 미리 태워 없애는 꼴이 될 수 있다.

39

불씨가 꺼질 때까지 기다려라

침묵과 순발력! 어울리지 않는 조합 같지만, 제때 입을 다무는 기술도 순발력의 일환이다. 간단하다. 그냥 상대가 화를 내도록 내버려두는 것이다. 화가 나서 미쳐 날뛰는 사람의 귀에 무슨 말이 들리겠으며, 그런 사람과 무슨 이성적 대화를 나누겠는가?

그는 지금 아무리 그럴듯한 설명이나 이유도 받아들일 마음이 없다. 그러니 한발 물러서라. 입을 다물거나 설사 대답을 하더라도 최소한으로 줄여라. "말 좀 해봐. 자네 벙어리야?" 상대가 이렇게 다그쳐도 소극적으로 대응하라. 이성적인 대화가 가능할 때까지는 최대한 말을 자제하라. 언제 대답을 할 것인지는 전적으로 당신이 결정한다. 이럴 때 침묵은 당당한 대응책이다.

상대는 당신이 아무 말도 하지 않아 더 화를 낼 수도 있다. 하지만 혼자서 북 치고 장구 치고 하다 보면 쉽게 지치게 되어 있다. 장작을 넣어주지 않으면 아궁이의 불은 꺼지고 마는 법이다. 불씨가 수그러들 때까지 참고 기다려라.

"S 씨, 대체 영업부에 메일을 어떻게 보낸 거야? 제정신이야? 아주 돌아버리겠네." S는 아무 말도 하지 않는다. 팀장이 다시 소리를 지른다. "당신은 내가 지금까지 데리고 있었던 부하 직원 중에 제일 무능해." 그래도 S는 가만히 있다. "어떻게 순현금 흐름을 순이익이랑 헷갈릴 수 있지? 자네 돌머리야?" S는 여전히 입을 다물고 있다. "그게 아니면 일부러 그랬어? 우리 팀 망신시키려고?" 묵묵부답. "뭐라고 말 좀 해." S는 여전히 말을 안 한다. 팀장이 짜증을 내며 다시 재촉한다. "할 말이 없어? 이런 짓을 해놓고도?" S는 여전히 묵묵부답. "왜 아무 말도 안 해? 나랑은 상관없다 이거야?" "그건 절대로 아닙니다." 이윽고 S가 입을 연다. "그럼 설명해봐. 어떻게 했길래 그게 바뀌었냐고!"

중요한 건 설명이나 대답을 하기에 유리한 기회를 낚아채는 것이다. 상대가 분노를 가라앉히기 시작하고, 객관적인 논리를 펼칠 만한 고리를 찾았을 때가 가장 적절한 시점일 것이다.

TIP

침묵으로 일관하자고 결심했을 땐 자세도 그에 걸맞게 취해야 한다. 초조해하거나 눈을 내리깔고 웅크려 있으면 안 된다. 반대로 너무 당당한 자세도 상대의 화를 돋운다. 언제라도 토론에 임할 자세가 가장 좋다.

입을 열면 손해다

묵비권의 효과에 놀라는 사람들이 많다. 침묵은 예상외로 큰 효과를 발휘한다. 고함을 지르던 상대에게서 빠져나온 권력이 입을 꾹 다물고 있는 당신의 품으로 굴러오게 되는 것이다. 아무런 대응을 하지 않으면 상대는 아무 짓도 할 수가 없다.

거꾸로 변명을 늘어놓으면 상황이 어떻게 달라지는지 다음 장면을 통해 살펴보자.

scene

똑같은 시나리오. 팀장이 비난의 수위를 최고조로 올리고 있다. "어떻게 순현금 흐름을 순이익랑 헷갈릴 수가 있지? 자네 돌머리야?" S가 화가 나서 대꾸한다. "그 정도로 심각한 실수는 아닌 것 같은데요." 팀장이 길길이 날뛴다. "뭐, 심각하지 않아? 우리 팀 얼굴에 먹칠을 해놓고 고작 한다는 소리가 심각하지 않은 것 같은데요?"

"숫자 2개가 바뀌었을 뿐이고, 그 정도는 있을 수 있는……." "기가 막혀서. 있을 수 있어? 심각하지 않아?" "벌써 사과했습니다." "사과! 사과를 했어? 사람 죽여 놓고 미안하다고 하면 그뿐이야? 그걸로 끝나?" "그럼 제가 어떻게 하면 좋겠습니까?" S가 묻는다. 팀장은 얼굴까지 빨개지면서 악을 쓴다. "나가! 꺼져! 두 번 다시 내 눈에 띄지 마!"

상대가 계속 화를 낸다면

당당한 묵비권은 분노에 대처하는 아주 효과적인 방법이다. 하지만 사람에 따라 상대의 침묵을 못 견디는 유형이 있다. 그래서 묵비권을 행사했을 때 그 결과는 2가지로 갈린다.

- 상대는 당신의 반응을 유도하려는 노력이 몇 차례 실패로 돌아가면 지쳐서 말투를 누그러뜨린다. 작전 성공이다.
- 상대가 당신의 침묵 때문에 더 화가 나서 길길이 날뛴다. 결말은 뻔하다. 대화의 일방적 종결!("나가!")

후자의 조짐이 보이거든 고집스럽게 침묵할 것이 아니라 반응을 보여야 한다. 조심스럽게 '번역 기술' 쪽으로 방향을 틀어보자. 상대가 화를 낼 때 이 기술을 어떻게 쓸지는 다음 장에서 살펴보자.

침묵은 상대가 당신의 반응을 요구하는 상황에서도 아주 유용한 기술이다. 상대가 어떤 제안을 했는데 당신이 보기에 너무 불리하다 싶으면 그냥 아무 말도 하지 않으면 된다. 불안해진 상대가 이렇게 물을 것이다. "조건을 바꿔볼까요?"

40

상대의 분노를 잠재우는 황금 규칙

상대가 계속해서 화를 낸다면, 어쩌면 당신이 크고 작은 실수를 저질렀을 수도 있다. 상대가 길길이 날뛰거나, 독설을 퍼붓거나, 욕을 하는 상황에서 무사히 빠져나가고 싶다면 다음 3가지 규칙을 지켜라.

규칙 1: 빙빙 돌리지 말고 잘못을 인정하라

방점은 '빙빙 돌리지 말고'에 찍혀 있다. 변명도, 핑계도 대지 마라. 이리저리 말을 돌리면서 핑계를 늘어놓아 봤자 사태는 악화되고, 상대의 화만 돋울 뿐이다. 솔직하게 인정하는데 상대가 더 이상 무슨 할 말이 있겠는가. 그리고 두 번 다시 그런 일이 없을 거라고 상대를 믿게 만들 수 있다면 구구절절 다른 말이 필요 없다.

장작을 잃은 분노의 아궁이는 저절로 수그러들고 만다. 그러나 많은 사람이 잘못했다는 말 한마디를 하지 못해 사태를 악화시킨다. 참으로 딱한 노릇이다.

규칙 2: 모욕에 대해 토론하지 마라

대패를 밀면 대팻밥이 떨어지고, 화를 내면 욕설과 모욕적인 말이 떨어지기 마련이다. 치욕적인 욕설이 들리더라도 한 귀로 듣고 한 귀로 흘려라.

이는 자존심을 버리고 상대의 모욕에 굴복하라는 뜻이 아니다. 중요한 것은 상대가 지금 머리끝까지 화가 났다는 사실이다. 그러니 그 순간을 참지 못하고 상대의 모욕적 발언에 대꾸를 하면, 당신은 아무짝에도 소용없는 흥분의 소용돌이에 휩쓸리게 된다.

scene

"S 씨! 또 숫자를 바꿔 썼잖아. 자네 머리는 장식이야?" 팀장이 소리를 지른다. "그런 치욕적인 말씀은 거북합니다." S가 팀장에게 항의한다. "치욕? 내가?" 팀장이 분을 이기지 못하고 씩씩댄다. "이 회사에서 유일한 치욕은 바로 자네야."

S가 다시 대꾸한다. "물론 제가 실수를 했습니다. 인정합니다. 그렇다고 그런 치욕적인 말씀을 하시면……." "치욕적인 말이 어디 있냐고? 그런 말 듣기 싫으면 일을 제대로 하지 그랬어. 한심한 인간 같으니." "한심이요? 그건 또 무슨 망말이십니까?" 분노로 얼굴까지 빨개진 팀장이 버럭 소리를 지른다. "나가! 꺼져! 꼴도 보기 싫어!"

이 상황에서 팀장이 처음에 한 발언을 철회했더라면 S도 더 이상 따지지 않았을 것이다. 하지만 상대가 화가 나서 부글부글 끓고 있는 상황에서 그런 이성적인 판단은 불가능에 가까운 일이다. 이런 상황에서 상대의 모욕적 언사를 따지고 항의해봤자, 사과는커녕 아주 끝장을 내버리겠다는 상대의 오기만 발동시킬 뿐이다.

> **TIP**
>
> 상대방이 화가 나서 던진 모욕적 발언에는 즉각적으로 항의하지 마라. 욕설밖에 없는 감정적인 비난에 대해서도 대응하지 않는 것이 상책이다. 따져봤자 남는 것은 상처뿐이다.

규칙 3: 상대의 얼굴에 거울을 들이밀어라

화가 난 당사자의 마음속은 겉으로 보이는 것과는 천양지차다. 화가 나면 외부 시점이 상실되기 때문에 평소엔 안 그랬던 사람에게도 예의나 배려심을 기대할 수 없다. 따라서 상대가 이성을 되찾도록 하는 최고의 방법은 그의 눈길이 자기 자신에게로 돌아가도록 하는 것이다. 한마디로 상대의 얼굴에 거울을 들이미는 것이다.

상대가 험한 말을 쏟아내거든 최대한 객관성을 유지한 채 이렇게 말하라. "좀 흥분하신 것 같습니다" 혹은 "화가 너무 많이 나셨습니다." 이때 "왜 그렇게 소리를 질러요?"라는 식으로 말해서는 안 된다. 보고 들은 것을 그대로 묘사하라. 평가하지 마라. "지금 당신이 무슨 말을 하고 있는지도 모르는 것 같네요" 같은 훈계도 금물이다. 질문이나 훈계는 상대에게는 염장 지르는 일이 될 수도 있다.

거울을 들이밀라는 말은 개입하지도 말고 불쌍한 약자인 척하지 말라는 뜻이기도 하다. "고함이 너무 크십니다"라는 표현이 "왜 그렇게 소리를 지르고 그러세요?"라는 동정심에 호소하는 질문보다 훨씬 효과가 크다.

41

적극적인 해명이 필요한 경우

다시 외교관의 혓바닥 기술을 떠올려보자. 이 기술은 부당한 비난에 대처하는 데도 효과가 탁월하지만, 상대의 분노를 잠재우는 데도 아주 좋은 방법이다. 이 기술은 다음과 같은 상황일 때 사용하면 효과적이다.

- 상대가 부글부글 끓고는 있지만 아직 끓어 넘치지는 않았다. 보통 직장에서 이 정도 수위의 분노가 많이 터지는 편이다. 아직은 입 꾹 다물고서 있을 수만은 없는 그런 상황 말이다.
- 상대가 왜 화가 났는지 아직 파악이 안 된다. 대체 당신이 무슨 잘못을 한 걸까? 잘못하고도 깨닫지 못하고 있나? 아니면 누가 당신을 모함했을까? 그것도 아니면 직장에서 흔히 일어나는 사소한 오해였나? 한마디로 해명이 필요하다. 이때는 화를 내는 상대와 어떻게든지 의사소통을 해야 한다.
- '묵비권'이 기대한 효과를 발휘하지 못했다. 상대는 점점 더 날뛰고, 이대로 가만히 있다가는 정말 큰일이 날 것 같다.

객관적이고 중립적인 표현을 써라

'뚜껑'이 열린 상대에게는 외교관의 혓바닥 기술을 어떻게 사용해야 할까? 침묵도 변명도 하지 말고, 상대가 당신에게 던진 말들을 당신의 말로 다시 옮겨라. 최대한 객관적이고 중립적인 표현을 써서!

앞에서 본 팀장과 팀원 S의 사례를 통해 좀 더 구체적으로 살펴보자. Step 5에서 언급했던 '5가지 차원'이 기억나는가(157쪽 참조). S가 어떻게 여러 차원을 오가는지 눈여겨보라.

■ "S 씨! 또 숫자를 바꿔 썼잖아. 자네 돌머리야?" 팀장이 소리를 지른다. "기획안 숫자 2개가 바뀐 것 때문에 그러시는 거지요?"

→ **정보 차원:** S는 사태를 해명하고자 한다. 즉 팀장이 분노하는 이유가 숫자 2개 때문이라는 것을 밝히고자 하는 것이다.

■ "그래, 그거. 또 실수했잖아! 처음엔 그럴 수도 있지 하고 넘어갔지만 어떻게 똑같은 실수를 다시 저지를 수가 있지? 자네 나 엿 먹이려고 그래?" "아이고, 제가 팀장님 곤란하게 만들려고 일부러 숫자를 바꿔 썼다는 말씀이세요?"

→ **너-차원:** 비난의 내용을 객관적으로 거론해 그것이 얼마나 부조리한지를 깨닫게 한다.

■ "그게 아니라면 왜 그런 실수를 또 저질렀지? 같은 실수를 반복할 정도로 무능한가?" "설마 돌이킬 수 없는 실수라고 생각하시는 겁니까?"

→ **우리-차원**: S가 해결책을 제안한다.

- "그럼 어떻게 하자고? 이미 인트라넷에 기획안을 올렸는데." "급한 게 아니라서 아직 많이 안 읽었을 겁니다. 설사 읽었더라도 숫자상의 오류라서 알아차릴 사람도 많지 않고요. 오늘 내로 얼른 교체하면 됩니다."

→ 대화는 다시 객관적 차원으로 돌아왔다. 그 결과 S는 해결책을 내놓을 수 있었다.

- "그래? 그럼 한 번 해봐." 팀장은 못마땅한 표정으로 이렇게 말한다.

→ 상황 종료

여러 차원을 오가며 리드하라

앞의 예에서도 알 수 있듯이, 차원을 오가면 교묘하게 갈등 상황을 리드해나갈 수 있다. 상대가 왜 화가 났는지 그 이유를 알고 싶다면 '정보 차원'으로 들어가야 한다.

그리고 그만 발을 빼고 싶다면 '나-차원'으로 넘어가고, 상대가 비난하고 있는 점이 정확히 무엇인지 알고 싶을 때는 '너-차원'으로 옮겨가면 된다. '우리-차원'에서는 공통점을 강조하고 해결책을 모색한다.

한편 상대가 한창 화를 내고 있는데 변명을 늘어놓는 건 상황을 악화시킬 뿐이다. 무슨 말을 하든 상대는 당신의 말을 묵살해버리고 말 것이다. 머리를 써라.

'너-차원'으로 번역을 하면 변명도 변명으로 들리지 않는다. 예를 들어 이렇게 말이다. "제가 속였다고 생각하시는군요." 상대가 동의하든 동의하지 않든, 당신이 그렇게 말한 이유를 알고 싶은 마음이 서서히 동하게 될 것이다.

TIP

외교관의 혓바닥 기술을 동원했는데도 상대의 화가 가라앉지 않는다면, 상대는 그냥 화를 내고 싶은 것이다. 그럴 때는 상대가 화를 내도록 내버려둬라. 그 경우에는 당신 문제가 아니다. 오히려 불똥이 튀지 않게 거리를 취해라. 그러나 자리를 피할 때는 어설픈 충고 따위를 던져서는 안 된다. 절대로.

42

인격 모독은 안 된다

묵비권도, 외교관의 혓바닥 기술도 쓸 수 없는 한계점이 있다. 바로 인격 모독을 당했을 때다. 상대가 인격을 모독하는 발언을 했을 때는 가차 없이 행동에 돌입해야 한다. 적극적으로 항의하고, 더 이상의 모욕적인 발언은 용납할 수 없다고 해야 한다. 상대가 추가 공격할 수 있게끔 틈을 보여서는 안 된다.

그런데 '뚜껑'이 열려 날뛰는 사람이 상사라면 어떻게 해야 할까? 그래도 강력하게 항의해야 할까? 괜히 상사한테 대들었다가 나중에 불이익을 당하면 어쩌나 겁이 날 것이다. 그래도 가만히 있어서는 안 된다. 방어에 나서야 한다. 당신의 자존심과 인격이 걸린 문제다. 그 누구도 당신의 인격을 모독하고 침해할 수는 없다.

역공의 시점을 노려라

언제 나서야 하는지에 대한 명확한 법칙 같은 것은 없다. 여러 가지 요인이 함께 작용하기 때문이다.

- 상대의 분노가 얼마나 정당한가? 당신이 명백하게 잘못을 했다면 당연히 상대의 화가 누그러질 때까지 참아야 한다.
- 당신의 지위가 어느 정도인가? 당신의 사회적 지위가 상대보다 높은가, 낮은가? 잊지 말아야 할 것은 모욕을 자꾸 참고 견디면 오히려 사회적 지위가 낮아진다는 사실이다.
- 상대가 걸핏하면 화를 내는 다혈질인가? 그렇다면 상대의 말을 너무 괘념하지 마라. 홧김에 한 말이니 자기도 금방 후회할 것이다.
- 당신을 시험하려는 의도적인 행동인가? 그렇다면 잠시도 참을 이유가 없다. 바로 공격에 돌입하라.
- 당신은 얼굴이 얼마나 두꺼운가? 남의 시선을 별로 신경 쓰지 않는 타입인가, 아니면 남의 이목에 신경을 많이 쓰는 타입인가? 그것도 큰 영향을 미친다. 나의 아킬레스건은 자기 자신이 가장 잘 아는 법이다.

이런 질문의 답에 따라 상대의 분노 수위를 어디까지 용인해야 할지가 결정될 것이다. 좀 복잡하게 들릴지도 모르겠지만 사실 그렇게 까다로운 주문이 아니다. 마음의 소리에 귀를 기울이면 된다. 당신의 마음이 "됐어", "더는 못 참겠어"라고 외친다면, 그때가 바로 역공의 시점이다.

화해냐 결별이냐?

마음을 다잡아라. 침착하게 크고 단호한 목소리로 "지금 하신 말씀은 제 인격을 모독하는 말씀입니다"라거나 조금 더 구체적으로 "아무리 그대로 돌대가리라고 하신 건 너무 모욕적입니다"라고 말하라.

이렇게 정지 신호를 보낸 뒤 할 수 있는 그다음의 대처 방법으로는 3가지가 있다.

- **유연한 길:** 한 번 더 다리를 놓는다. 상대가 화를 내는 건 이해할 수 있지만 모욕은 안 된다고 설명한다.
- **약간 덜 유연한 길:** "사과를 기다리겠습니다"라고 말한다. 아무리 화가 나더라도 모욕적인 발언은 잘못이니 상대에게 사과를 요구하는 것은 마땅하다. 하지만 상대가 사과하지 않으면 '단호한 길'로 넘어간다.
- **단호한 길:** 대화를 중단한다. "이런 상황에선 대화를 계속할 이유가 없군요"라고 말한 뒤 그 자리를 떠난다.

물론 유연한 길에서 곧바로 단호한 길로 넘어갈 수도 있다. 화해의 제스처를 보냈는데도 상대가 모욕적인 언사를 계속한다면 가차 없이 대화를 중단해야 한다.

단호한 길을 선택했더라도 여지는 남겨둘 수 있다. 가령 자리를 뜨면서 이런 말을 남기는 것이다. "화가 가라앉았거든 전화해요." 떠나는 당신의 뒤통수를 향해 상대가 무슨 말을 던지더라도 무시하라. 지체하지 말고 곧장 떠나라.

그렇다면 언제 사과를 요구해야 할까? 너무 일러서는 안 된다. 길길이 날뛰고 있는 상대의 귀에 사과니 뭐니 하는 당신의 요구가 들어오겠는가? 화를 더 돋우고 염장만 더 지를 뿐이다. 그렇다고 타이밍이 너무 늦어서도 안 된다. 한참 동안 온갖 모욕적인 말을 다 듣고 있다가 뜬금없이 사과를 요구하면 상대는 "이게 무슨 소리야?"라며 황당해할 것이다.

하지만 분명히 말해두자면, 아무 말도 하지 않는 것보다는 늦게나마 사과를 요구하는 편이 낫다. 당신의 자존심을 회복시킬 수도 있고, 또 늦게라도 상대가 사과를 한다면 관계 회복에도 큰 도움이 될 것이다.

사과를 요구하기에 가장 적절한 시점은 상대의 모욕과 비난이 도를 넘었다고 생각될 때다. 몇 마디쯤은 참고 들어줄 수 있다. 그 정도는 당신의 자존심에 큰 영향을 주지 않는다. 하지만 상대가 도를 넘어 모욕적 언사를 계속하고, 나아가 모욕과 비난을 즐기고 있는 것 같다면 절대로 참기만 해서는 안 된다. 당당하게 사과를 요구해야 한다. 그렇게 강경하게 나간다면 현재의 당신의 사회적 지위만 개선되는 게 아니다. 그 과정에서 자신감을 키움으로써 미래의 비슷한 일이 발생하더라도 더 당당하게 대응할 수 있다. 불이익을 당할지 모른다는 두려움은 근거가 없다. 모름지기 모욕과 굴욕을 참고 견디는 자가 더 짓밟히는 법이다.

43

분노를 이용하는 사람들

보통은 화를 내는 사람의 상대가 약자다. 그런데 간혹 주변 사람들을 화나게 만들어 이익을 취하는 사람들도 많다. 특히 그들은 사람들이 많이 모인 자리에서 상대의 약을 올려 '꼭지'를 돌게 만든다.

scene

'에너지 수급의 미래'에 대해 토론하는 자리다. 에너지 관련 기업의 대표가 자신의 주장을 뒷받침해줄 감정서를 읽는다. 이때 갑자기 환경단체 관계자가 끼어들더니 비아냥거리며 묻는다. "그 감정서, 얼마주고 사셨습니까?" 그러자 그 기업의 한 직원이 벌컥 화를 내며 소리를 지른다. "아니, 그게 무슨 말입니까? 이런 무례가 어디 있습니까? 살다 살다 처음 봅니다. 이건 모함입니다. 단골 수법인가 본데 우리한텐 어림없어요." 청중들이 어리둥절해 그들을 쳐다보고 있다.

이럴 때 화를 내면 손해다. 내 쪽에서 아무리 정당한 근거를 든다해도 일단 자제력을 잃고 소리를 지르면 주변의 동의를 얻기 어려울 확률이 높다. 분노란 엄청난 힘의 증거이기도 하지만 동시에 유약함의 증거이기도 하니까. 그래서 그 점을 노려 이익을 취하는 사람들이 있다. 비아냥거리고 빈정대면서 자존심을 긁어대면 상대가 언제까지 참을 수 있겠는가. 결국에는 욱해 소리를 지르거나 욕을 하고 말 것이다.

하지만 화를 돋우는 사람 역시 주변의 지지를 얻기는 힘들다. '저렇게 부아를 돋우니 어떻게 화가 안 나냐', '적어도 이해는 하겠다'는 식의 반응이 나올 수 있다. 결국 상대를 자극해 화를 내게 하는 짓은 양쪽에 손해를 입힌다.

TIP

아무리 다혈질이더라도 자제력을 잃으면 인심도 잃는다는 것을 잘 알 것이다. 그래서 다른 사람들이 있는 자리에서는 최대한 화를 자제해야 한다. 분노를 폭발시킬 때는 보는 사람이 아무도 없는, 단둘이 있을 때 해야 하는 것이 보통이다.

조롱과 비아냥거림에
맞서는 법

비열하고 야비한 공격을 받았다.
이때는 말할 것도 없이 순발력으로 대응해야 한다.
그런데 얼마나 세게 역공을 날려야 할까?
할 말 다하면서도 주변의 인심은 잃지 않게 처신하고 싶다.

44

비아냥거림은 유머가 아니다

Z가 프레젠테이션을 하고 있다. 갑자기 빔프로젝트가 말썽을 부린다. "왜 이러지? 어떡하나. 어떻게 하는지 모르는데……" 당황한 그는 이렇게 중얼거리며 컴퓨터 자판을 여기저기 두드린다. 팀장이 그 기회를 놓치지 않고 한마디 던진다. "어떻게 하는지 모르겠다라……. 아하, 멋져. 계속해봐!"

Z가 애를 쓴 덕에 스크린에 화면이 다시 떴다. "자, 여기를 보시면 지난 3분기 매출액 변화가 나와 있습니다." 그가 더듬거리며 다시 발표를 시작한다. "저런, 아무것도 안 보이는데." 팀장이 또 끼어든다. "9월 분 숫자가 어디 있어?" Z의 얼굴이 빨개지더니 어찌할 바를 몰라 말을 멈추고 만다.

"잘했어." 팀장이 난데없는 칭찬을 한다. "Z 씨, 당신은 참 우수한 직원이야. 이렇게 복잡한 자료를 이렇게 심도 있게 분석하다니…… 퍽이나 고생했겠어."

누구나 한 번쯤은 이런 경험이 있을 것이다. 만족스럽지 못한 성과를 보였는데 어떤 일이 일어나고 있는가? 그 성과를 평가해야 할 위치에 있는 사람이 야단을 치고 비난하기는커녕 어딘가 어색한 칭찬을 한다. 물론 그런 식의 칭찬은 객관적인 평가가 아니다. 목적은 단 하나다. 상대의 품위를 떨어뜨리려는 것이다. 사실 그것이 비아냥거림의 목적이기도 하다. 상대를 집단의 진정한 구성원으로 대해주지 않고, 그저 놀림의 대상으로만 취급하는 것이다.

유머와 비아냥거림의 차이

누가 무슨 짓을 하든 그 어떤 모습이든, 그 자체는 코믹하지 않다. '코믹하다'는 것의 근거는 우리의 기대다. 우리의 기대와 어긋나기 때문에 코믹하다는 느낌을 받는다. 따라서 누군가를 조롱하거나 무언가를 우스꽝스러운 것으로 만들려면 모순, 혹은 대비가 필요하다.

scene

한 중년이 있다. 이 자체는 코믹하지 않다. 하지만 그가 10대 옷차림을 하고 10대 말투와 행동을 따라 한다면 금방 남들의 웃음거리가 될 것이다. 애늙은이처럼 행동하는 어린아이도 마찬가지다. 앞 장면의 Z 역시 그 자체로는 코믹한 요소가 없다. 오히려 딱하다는 동정심을 유발한다. 하지만 팀장이 Z를 '우수한 직원'으로 격상시키자 코믹한 대비가 일어난다.

이렇게 기대와 실제가 두드러진 차이를 보일 때, 비로소 우리는 코믹하다고 느끼며 웃음을 터트리게 된다.

웃음은 아주 중요한 기능을 한다. 먼저 사람들을 결합시킨다. 어떤 일에 대해 같이 웃는 사람들은 소속감을 느끼게 된다. 하지만 그와 동시에 동정심을 잃어버린다. 프랑스의 철학자 앙리 베르그송H. L. Bergson은 동정심을 잃게 만드는 웃음의 기능을 '심장의 마취'라 부르기도 했다. 이렇게 누군가 다른 사람을 놀리고 조롱하고 비아냥거릴 때는 2가지 현상을 목격할 수 있다.

- 즐거워하는 청중이 있다. 앞의 장면에선 Z씨의 동료들이었다. 그들은 하나가 되어 Z를 조롱하며 즐거움을 느꼈다.
- 즐거워하는 청중은 약자에게 동정심을 느끼지 못한다. 아무도 Z를 도와주려고 하지 않는다. 바로 이것이 비아냥거림의 목적이다. 약자의 인격을 모독하는 것.

scene

Z가 팀 회의에서 보고를 한다. 동료들이 무료한 표정으로 듣고 있다. "지난 3분기 매출액 변화입니다." Z가 건조한 목소리로 설명을 하고 있다. 팀장이 갑자기 끼어든다. "아니, 이럴 수가. 이런 충격적인 소식을 전하다니." 동료들이 히죽거리며 웃는다. "또 있으면 얼른 말해주게. 너무 졸리잖아."

비아냥거림의 또 다른 특징은 정상적인 것, 눈에 띄지 않는 것, 평범한 것을 아주 대단한 것으로 부풀리는 것이다. 실제로는 아무것도 아니다. 우습지도 않다. 그런데 그 아무것도 아닌 것을 대단한 것처럼 부풀려서 우스꽝스럽게 만들어버린다. 바로 앞의 예에서는 한 건실한 부하 직원을 '충격적 소식을 전하는 사신'으로 만들어 웃음거리로 삼았다.

TIP

비아냥거림은 유머가 아니다. 상대를 해치려는 나쁜 목적을 위한 수단일 뿐이다. 무조건 참기만 할 일이 아니다.

5단계 방어 전략

비아냥거림은 개인의 존엄성을 위협하는 비열한 행위다. 따라서 누군가 당신을 비아냥대거나 조롱한다면 무조건 참지 말고 역공을 가해야 한다. 그런데 비아냥거림은 유머와 헷갈리기 쉬워서 대놓고 항의할 수 없는 경우가 많다.

누군가 당신을 모욕하면 항의하며 사과를 요구할 수 있다. 이렇게 말이다. "방금 저한테 무능력하고 머리 빈 놈이라고 하셨습니까? 너무 심한 말 아닙니까? 당장 취소하고 사과하세요." 하지만 누군가 당신을 조롱할 때는 심각한 얼굴로 당장 사과하라고 요구할 수 없다. 그랬다간 오히려 너무 과민반응이라느니, 유머가 없다느니 하는 비난을 받기 쉽다.

그렇다면 조롱과 비아냥거림에는 어떻게 대처해야 할까? 당연히 항상 같은 방법으로 대처할 수는 없다. 너무나 다양한 변주가 가능하니 말이다. 여기서는 5단계의 대응책을 소개할 것이다. 상대의 비아냥거림의 수위에 따라 융통성 있게 활용하라.

- **1단계:** 같이 논다. 상대의 아이러니한 말투를 따라 한다.
- **2단계:** 웃으며 유머러스하게 대꾸한다. 상대의 비아냥거림을 농담으로 해석한다.
- **3단계:** 무시한다. 상대의 비아냥거림을 그냥 못 들은 척한다.
- **4단계:** '말 그대로' 받아들인다. 다시 말해 상대의 비아냥거림을 칭찬으로 이해한 척한다.
- **5단계:** 항의한다. 상대에게 더 이상 비아냥거리지 말라고 경고한다.

TIP

대응은 비아냥거림의 수위에 달려 있다. 수위가 아주 낮을 땐 봐주고 넘어간다. 농담으로 받아들여 같이 '농담 따먹기'를 하는 것이다. 하지만 자기 이익을 위해 의도적으로 당신을 웃음거리로 만들려는 사람은 그냥 둬서는 안 된다. 당당하게 항의하고 사과를 요구하라.

45

왜 머릿속 생각과
다른 말이 튀어나올까?

소통의 윤활유가 되어주는 아이러니

비아냥거림의 뿌리는 '아이러니Irony'다. 아이러니는 원래 나쁜 것이 아니다. 아니, 오히려 인간관계를 부드럽게 만드는 유쾌한 용법이다. 적절하게 사용한 아이러니는 분위기를 활기차게 만들어 대화의 장을 열어주기 때문이다.

아이러니의 핵심은 입으로 뱉은 말과 머릿속 생각이 다르다는 데 있다. 생각과 정반대의 말을 내뱉는 경우도 드물지 않다. 다음 3가지 이유에 의해서 말이다.

- 아이러니는 아이러니하게 표현하는 사람과 그 아이러니를 이해하는 사람의 암묵적 합의를 이끌어낸다. 즉 두 사람을 결합시킨다.
- 아이러니는 불쾌한 상황과 거리를 취할 수 있게 해준다.
- 아이러니의 기본 개념은 놀이다. 따라서 상황의 진지하고 위협적인 면모를 없앤다.

scene

H가 호텔 프런트로 다가간다. "심각한 과오를 저지르셨군요. 열쇠를

잘못 주셨소." 호텔 직원이 죄송하다는 표정으로 웃으며 열쇠를 건네

준다. "부디 용서해주시길······." H가 머리를 가로젓는다. "내 목숨이

다하는 날까지 용서하지 않을 테요."

누가 봐도 H가 열쇠를 잘못 건네준 호텔 직원에게 크게 화가 나 있지 않다는 사실을 알 수 있다. 아이러니를 통해 그가 상황을 재미있게, 부드럽게 만들었기 때문이다. 직원 역시 H의 유머에 장단을 맞춰 아이러니한 표현을 골랐다. 분위기는 화기애애해지고, 두 사람은 자칫 인상 찌푸리며 끝났을 수도 있을 상황을 '놀이'처럼 넘겼다. 또 다른 상황을 살펴보자.

scene

출판사에 근무하는 한 편집자는 아이러니한 표현을 즐겨 쓴다. 그래

서 판매가 부진해 1년 넘게 창고에서 썩고 있는 책을 "우리의 베스트

셀러"라고 부르고, 심술궂은 사장을 "천사표"라고 부른다. 사장은 그

별명을 썩 달갑게 여기지 않지만 직원들은 아주 재미있어한다.

아이러니한 표현을 쓰고 싶을 땐 상대방에게 어떻게든 그 사실을 알려야 한다. 그렇게 하지 않으면 상대가 나의 말을 곧이곧대로 해석해 오해할 수 있다. 하지만 또 대놓고 아이러니라고 말할 수는

없다. 아이러니란 일정 정도의 불확실성과 다의성을 함축하고 있고, 또 그것이 바로 아이러니의 매력이기 때문이다.

"잘 들어. 이제부터 내가 하는 말은 아이러니야"라고 밝히는 순간 그건 이미 아이러니가 아니다. 그렇다고 상대가 알아듣거나 말거나 그냥 내버려둘 수도 없다. 내 말이 아이러니였다는 걸 상대가 알아차리고 이해할 수 있게 해야 한다. 이를 위해 필요한 것이 바로 '아이러니 신호'다.

과장은 사람들이 아주 애용하는 아이러니 신호다. 앞에서 H가 열쇠가 바뀐 것을 '심각한 과오'라고 표현했을 때 그 말을 진심으로 알아들을 사람은 없다.

또 사극에나 나오는 고전적인 표현, 어색한 표현 등도 아이러니 신호로 애용된다. "내 목숨이 다하는 날까지 용서하지 않을 테요"라는 말을 들으면서 정말로 무서워 소름이 끼칠 사람도 없을 테니까. 목소리 역시 아이러니 신호가 될 수 있다. 강하게 악센트를 주거나 상황과 어울리지 않는 톤을 쓰는 것이다.

TIP

아이러니 신호가 얼마나 분명해야 하는지는 상대와의 친분 정도에 달려 있다. 상대가 아이러니라고 해석할 지점을 정확히 찌르는 것이 기술이다. 부족하면 상대가 못 알아들을 것이고, 과도하면 재치 없고 치근덕거리는 느낌을 줄 수 있다.

아이러니한 상황이 분위기를 부드럽게 만들어준다

때로는 아이러니를 통해 상황과 거리를 취할 수도 있다. 다음 장면을 보자.

scene

D가 한 기업에서 강연을 맡았다. 그가 아침에 강연장으로 들어서자, 몇 사람이 그를 보고 킥킥거린다. 윗옷은 정장 재킷에 넥타이까지 맸는데, 아래에는 파란색 트레이닝바지를 입고 나타난 것이다. D가 강단에 오른다. "안녕하십니까? 오늘 강연을 맡은 D입니다."

강연을 들으러 온 사람들이 호기심 어린 눈빛으로 그를 쳐다본다. "제 특이한 의상 때문에 놀라셨지요. 하지만 저는 여러분보다 더 놀랐습니다. 오늘 아침, 식당에 갔다가 운동신경이 과다하게 좋은 한 어린이를 만났는데 그만 그 아이가 제 바지에 콜라를 쏟았지 뭡니까?" 청중들이 웃음을 터트린다.

D가 신이 나서 계속 말을 잇는다. "근데 워낙 고급 양복바지다 보니 얼룩을 얼른 지우지 않으면 옷감이 상한다고 하더라고요. 그래서 어쩔 수 없이 바지를 벗었는데, 제가 가지고 있던 유일한 바지가 이것뿐이라서 하는 수 없이 이런 우스꽝스러운 옷차림으로 왔습니다." 다시 웃음이 터진다. 청중들이 외친다. "너무 잘 어울려요!"

아이러니를 이용하면 지금 처한 상황과 일정 정도 거리를 취할 수 있다. 그 결과 난감한 상황에서도 당당하게 대응할 수 있는 여유가 생길 것이다.

간혹 상대의 아이러니를 못 들은 척 냉담한 반응을 보이는 사람들도 있다. 하지만 설사 아이러니가 마음에 들지 않더라도 호응을 보내주는 것이 가만히 있는 것보다는 더 바람직한 태도다. 억지로 깔깔대며 웃어줄 필요는 없겠지만, '당신의 뜻을 이해했다'는 정도의 표시는 필요하다.

46

상대의 속마음을 간파하라

하나 더 짚고 넘어갈 것이 있다. 상대가 아이러니한 농담만 날릴 뿐 진짜 속내를 말하지 않는다면 무슨 수로 상대의 의도를 알아차릴 수 있을까? "열 길 물속은 알아도 한 길 사람 속은 모른다"는 말이 있다. 표현하지 않은 속내를 어떻게 알겠는가. 당연히 오해의 소지가 있게 마련이다.

그러므로 대화를 아이러니로만 채워서는 안 된다. 중간중간 아이러니를 멈추고 당신의 진짜 의도를 오해의 소지 없이 전달해야 한다. 상대의 뜻을 파악하지 못했을 때도 마찬가지다. 오해의 여지가 없도록 명확하게 물어봐야 한다.

서로 잘 모르는 사이라면 어디까지가 아이러니이고 어디부터가 비아냥거림인지 헷갈릴 위험이 있다. 둘 다 의도를 정확하게 말하지 않기 때문이다.

하지만 몸짓이나 표정으로 이 2가지는 쉽게 구분할 수 있다. 대체로 아이러니는 환한 미소를 머금지만, 비아냥거림은 득의만면한 웃음을 지으니까. 뭐니 뭐니 해도 가장 결정적인 판단 기준은 이것이다. 비아냥거림은 자신의 입지를 높이기 위해 상대를 깔아뭉개려는 의도가 엿보인다는 것이다. 그 반면에 아이러니는 그렇지 않다.

그런데 문제는 대놓고 비아냥거리는 건 아닌데, 그렇다고 순수한 아이러니라고 볼 수도 없는 말들이 있다는 것이다. 이런 말들은 바늘처럼 작은 상처를 입혀 기분을 상하게 하기도 하지만, 또 어떨 때는 유머러스하게 분위기를 띄워준다.

세 사람이 쾰른에 출장을 갔다. 해가 지자 세 사람은 괜찮은 가게를 찾아 호텔을 나선다. 예전에 쾰른에서 몇 년 살았던 A가 앞장섰지만, 그가 안내한 가게들은 허접한 편이다. 3번째 가게까지도 그냥 나오면서 C가 한마디 던진다. "자, 이번엔 우리 A 씨가 얼마나 대단한 가게로 안내하실까요?" A는 벌컥 화를 내며 이렇게 말한다. "그렇게 맘에 안 들면 자네가 안내하든가."

여기서 A는 여유롭게 대응하지 못했다. 과민반응으로 동료들에게 좋은 인상을 남기지 못했다. 그렇다면 어떤 반응을 보이는 것이 바람직했을까? 그냥 못 들은 척 무시하는 방법? 그 방법 역시 바람직하지는 않다.

가장 좋은 대응은 웃으면서 순발력 있는 유머로 맞받아치는 것이다. 물론 상대의 말이 심하게 모욕적이지 않을 때에만 가능하다. 특히 상대의 말에 타당한 점이 있다면, 웃으며 상대의 말을 수용하는 여유도 필요하다. 설사 A처럼 상대의 말이 어처구니없다고 느꼈더라도 말이다. 다음 장면처럼.

scene

"자, 이번엔 우리 A 씨가 얼마나 대단한 가게로 안내하실까요?" A는 웃으면서 대답한다. "자, 다들 잘 알았지? 아까 그 세 집은 절대 가면 안 되는 가게야."

다른 사람을 웃게 만드는 법에 대해서는 Step 8에서 자세히 알아보기로 하자. 여기서 말하고자 하는 핵심은 이런 상황에서 무조건 '농담 따먹기'를 하라는 게 아니라, 상대에게 '나는 당신의 말을 농담으로 알아들었다'는 점을 알리라는 것이다. 만약 당신이 A라면 웃으며 이렇게 대꾸할 수도 있겠다. "개봉 박두! 정말 기대되지 않아?"

TIP

상대가 기분 나쁘지 않게 비꼬거나 비아냥거릴 때는 보란 듯이 기분 좋게 대응해야 한다. 상대도 당신의 유쾌한 기분에 동참할 수밖에 없을 것이다. 하지만 상대가 불평불만을 계속 늘어놓을 때는 정확하게 그 점을 꼬집어 지적해도 좋다. 앞의 장면을 예로 들자면 이렇게 말이다. "그만 투덜거려. 다 왔어."

47

무시가 답이 되기도 한다

비아냥거림이 귀에 거슬릴 때라도 일단은 못 들은 척하고 넘어가는 것이 더 낫다. 특히 상대가 당신을 자극하고 싶어하거나 불안감을 조성하고 싶어할 때, 혹은 괜한 화풀이를 하는 것 같을 때는 무시 전략이 최고다.

---

scene

팀 회의 시간에 Z가 프레젠테이션 준비를 하고 있다. 팀장이 실실 웃으며 말을 건넨다. "Z 씨, 오늘은 또 무슨 역사적인 작품을 준비하시려나?" Z는 못 들은 척 자기 할 일만 열심히 한다.

못 들은 척 넘기면 상대는 원하던 목표를 이룰 수 없다. 그의 비아냥거림이 당신의 심장을 찌르지 못할 테니 말이다. 기분이 썩 좋지는 않겠지만, 어쨌든 당신은 상대를 향해 달려들어 멱살을 잡지도 않았고, 말을 더듬거리거나 당황해 허둥대지도 않았다.

Z에게도 지금 더 중요한 건 생각나지도 않는 재치 있는 말로 역

공하는 것보다 프레젠테이션 준비다. 순발력 있게 상사에게 역공을 날렸다고 해도 프레젠테이션을 망친다면, 그게 다 무슨 소용인가.

무시보다 덜 공격적인 수비 전략

하지만 상대의 말을 못 들은 척 무시할 수 없는 상황도 있다. 명확한 입장을 취하거나, 그게 안 되면 적어도 뭐라고 대꾸는 해줘야 할 때 말이다. 이때도 외교관의 혓바닥 기술은 아주 유용한 도구다. 상대의 비아냥거림을 객관적이고 중립적인 표현으로 번역하는 것이다.

scene

Z가 프레젠테이션을 마치자 팀장이 팔짱을 낀 채 이렇게 말한다. "오늘도 참, 월등한 수준이군." Z가 팀장을 향해 말한다. "제 제안이 설득력이 없었나 봅니다. 어디가 맘에 안 드시는지 구체적으로 지적해주시면 감사하겠습니다."

게다가 비아냥거림을 무시하는 건 일종의 수비 전략이다. 당신이 동요하지 않으면 상대가 큰 재미를 보지 못하겠지만, 그렇다고 당신이 상대에게 멋지게 한 방 먹인 것도 아니다. 그럼에도 고객이나 상사를 상대할 때는 이렇게 덜 공격적인 방법이 더 낫다.

비아냥거림에 당당하게 대처하는 또 다른 방법이 있다. 상대의 말을 상대의 의도와 다르게 해석해 김을 빼는 것이다. 다시 말하면 상대의 말을 액면 그대로 받아들이면 된다.

이 경우 상대가 어이가 없어 헛웃음을 지을지도 모르고, 감춰둔 진짜 의도를 평상시 말투로 확실히 밝힐지도 모른다. 그러나 어느 쪽이든 당신을 골탕 먹이려던 상대의 의도는 허사로 돌아간다.

scene

"Z 씨, 할 말 있어? 오늘은 또 무슨 환상적인 제안을 하시려나?" 팀장이 말한다. "환상적일 것까지야 없겠지만 실망하시진 않을 겁니다." Z가 대꾸한다. 팀장이 어이없다는 표정으로 말한다. "그래? 자네가 그렇게 생각한다니 기대되기는 하네……." Z가 웃으며 말한다. "기대를 해주신다니 감사합니다."

Z가 열심히 프레젠테이션을 하고 있다. "이것이 지난 3분기 매출 현황입니다." 팀장이 끼어든다. "아니, 도표가 얼마나 독창적이기에 그 멋진 현황이 내 눈에만 안 보이는 거야?" Z가 대답한다. "그리 독창적이지는 않지만 중요한 건 다 집어넣었습니다." "설마 독창적이란 말을 정말 믿은 거야? 농담이었어." Z가 진지한 표정으로 대답한다. "정말요? 저는 몰랐습니다."

액면 그대로 해석하는 것은 상대의 비아냥거림에 대처하는 아주 효과적인 방법이다. 하지만 여러 사람이 있는 자리에서 상대가 당신을 의도적으로 바보로 만들려고 할 때는 이런 식의 대응법은 다소 약한 감이 있다.

48

'나'라는 마법의 주문

진심이 아닌 상대의 말의 정체를 밝혀내는 것. 앞서 논한 '액면 그대로 받아들이기'도 이 방향과 맥락을 같이한다. 상대는 이제 어쩔 수 없이 삐딱한 표현을 포기하고 평범한 말투로 되돌아갈 것이다.

혹시 비아냥거림을 포기한 상대가 진지한 말투로 엄청난 비난의 말을 쏟아내면 어쩌나? 하는 걱정이 다시 들 수도 있다. 그리고 그것은 현실이 될 수도 있다. 본격적으로 시작된 상대의 진지한 비판이 당신에게 큰 상처가 될 수도 있다. 반대로 별문제가 아닌데 상대방이 괜히 비아냥거렸을 수도 있다.

어느 쪽이든 간에 비아냥거림보다는 진심에서 우러나온 비난이 더 유익한 것만은 사실이다. 그 이유는 간단하다.

- 비아냥거림은 당신이 잘못 처리한 일을 대상으로 하지 않고, 당신이라는 인간을 대상으로 삼는다. 즉 당신의 인격을 모독하고 당신을 바보로 만들어버리려는 목적이다. 따라서 진지한 토론이 불가능하고, 건질 것이 하나도 없다.

- 비판은 아무리 가혹해도 우선 일 자체를 대상으로 삼는다. 인신공격의 냄새가 짙어지면 당장 지적하고 발언 철회를 요구할 수도 있다. 하지만 비아냥거림은 인신공격으로 변할 수 없다. 이미 그 자체가 인신공격이기 때문이다.

녹다운될 때까지 참지 마라

비아냥거림의 정체를 밝혀내고 보통의 말투를 요구해야 하는 또 다른 이유는 그것이 아주 큰 상처가 될 수 있기 때문이다. 분노도 마찬가지로 상처가 될 수 있다.

하지만 앞에서 살펴보았듯이, 분노와 화에는 많은 에너지가 들어가기 때문에 격하게 폭발하고 난 후엔 금방 수그러들고, 그다음에는 건설적인 대화의 장으로 나아갈 수가 있다.

그러나 비아냥거림은 그렇지 않다. 아침부터 저녁까지 의자에 앉아서 쉬지 않고 비아냥거려도 이마엔 땀 한 방울이 흐르지 않을 것이다. 비아냥거리는 당사자는 흥분하고 긴장하지 않으면서도 구성원 전체를 하루 종일 괴롭힐 수 있는 것이다. 그러니 비아냥거리는 사람에게는 건설적인 대화를 기대할 수가 없다.

다시 한번 말하지만, 여기서 다루는 것은 앞에서 배운 방법으로 충분히 대처할 수 있는 가벼운 조롱이나 놀림이 아니다. 우리는 지금 예상 밖으로 마음에 큰 상처를 줄 수 있는, 그리고 사람을 적잖이 괴롭히는 의도적인 비아냥거림에 대해 다루고 있다.

의도적인 비아냥거림은 앞에서는 같이 농담을 해도, 웃으면서 대꾸해도, 편안하게 대해도 아무 도움이 안 된다. 방법은 단 하나, 그런 식의 대접은 용납할 수 없다는 점을 확실하게 알리는 것이다. 다른 사람을 비아냥거릴 권리는 누구에게도 없다. 거꾸로 비아냥거림에 저항하고 자기 자신을 지킬 권리는 누구에게나 있다.

TIP

참을 수 없을 정도의 비아냥거림에는—특히 내가 상대보다 한 수위라는 자신감이 없을 때는—농담이나 아이러니를 통한 대응은 자제하는 게 좋다. 농담을 하면 상대는 당신이 게임에 동참했다고 생각해 계속 그런 식으로 당신을 대할 것이다. 바로 그것이 피해야 할 지점이다. "아니, 그런 칭찬을 해주시다니 감사합니다"라는 말로 함께 비아냥거리는 방법도 별로 추천하고 싶지 않다.

나는 내가 지킨다

비아냥거리는 상대의 입을 틀어막을 또 하나의 비법이 있다. '나'라는 마법의 주문이다. 부적절한 행동을 했다고, 나쁘다고 상대를 비난하지 마라. 그렇다고 타인의 동정심에 호소하며 비 맞은 강아지처럼 낑낑거리지도 마라. 더 비아냥거리고 싶은 마음만 부추긴다.

용기를 내서 당당하게 말하라. "'내 생각'은, '내 입장'은 이러저러하다고!" 상대가 더 이상 할 말이 없어지도록 단호하게.

설사 당신이 큰 잘못을 저질렀다 해도 이렇게 말할 수 있다. "그만 비아냥거렸으면 좋겠습니다." 혹은 "빙빙 돌리지 말고 그냥 말씀하시죠." 잘못을 저지른 사람은 끝도 없는 조롱과 모욕을 참고 견뎌야 한다는 법이라도 있는가? 당당하게 말하라. 의외로 큰 효과를 체험할 것이다.

scene

Z가 프레젠테이션을 하던 중 갑자기 빔프로젝터가 말썽을 부린다. "왜 이러지? 어떡하지? 어떻게 하는지 모르는데……." 팀장은 기회를 놓치지 않고 한마디 던진다. "어떻게 하는지 모르겠다……라. 아하, 멋져. 계속해봐!" Z는 못 들은 척 컴퓨터 자판만 두드린다.

Z가 애를 쓴 덕에 스크린에 화면이 다시 떴다. "자, 여기를 보시면 지난 3분기 매출액 현황이 나와 있습니다." 그가 다시 발표를 시작한다. "저런, 이번에도 도표가 멋진데. 지난번에도 아주 인상이 깊었지." 동료들이 웃음을 터트린다.

Z가 팀장을 향해 돌아서서 말한다. "제 프레젠테이션에 문제가 있으면 당연히 비판을 받아야겠지만, 그렇게 비꼬시지 않으면 좋겠습니다." "아니, 왜 그렇게 과민반응인가?" 팀장이 웅얼거린다. "합당한 비판은 받아들이겠지만, 비아냥거림은 싫습니다."

그런데 이렇게 말하면 대부분 상대의 첫 반응은 "그렇게 민감하게 반응하지 말라"는 것이다. 방귀 뀐 놈이 성낸다고 잘못을 저질러 놓고 오히려 큰소리를 치는 것이다. 하지만 그 말에 금방 꼬리를 내리면 안 된다. 당신에게 잘못이 있다면 인정하라. 어떠한 비판도 달게 받겠노라고 말하라.

그렇지만 앞에서도 말했듯이 비판과 비아냥거림, 이 2가지를 헷갈려서는 안 된다. 비판은 아무리 강도가 세다 해도 용인하고 받아들여야 한다. 그러나 비아냥거림은 안 된다. 비아냥거리지 말고 진심으로 비판해달라고 요구하라. 사람들에게 힐난을 받을 각오가 되어 있지 않은 이상, 그런 당신의 당당한 부탁을 거절할 상대는 아마도 없을 것이다.

이때 당신의 당당한 부탁을 거절하는 사람은 주변의 호감을 살 수 없다. 그 자리에 같이 있던 사람들은 상대의 비아냥거림에 같이 웃기는 했지만, 비아냥거림이 되풀이될수록 마음이 점점 불편해질 것이다. 속으로 그의 행동에 불만을 느끼는 사람들도 생길 수 있다. 바로 그 점을 놓치지 않는 것이다.

동지를 찾아라. 최소한 당신을 도와 대화를 객관적 차원으로 되돌려줄 사람을 찾아라. 가능하다면 직접 호명해 입장을 밝혀달라고 요구해도 좋다. 하지만 상사와 부하 직원이 동석한 자리라면 호명당한 사람이 마음 편하게 의견을 말할 수 없을지도 모른다. 난감한 처지에 몰린 그가 당신의 의견에 동의하지 않을 수도 있다. 이런 부분들은 세심하게 감안하는 것이 좋다.

49

교란 작전에
넘어가서는 안 된다

scene

> P가 회의 도중 열을 올려 토론을 하고 있다. 그의 논리가 상당한 설
> 득력을 갖춘 덕에 반대쪽 대표 Q가 수세에 몰린다. 그때 Q가 불쑥
> 농담처럼 이런 말을 던진다. "P 씨, 근데 이마에 땀이 송글송글 맺혔
> 습니다그려." 청중이 킥킥대며 웃는다. P는 당황해 어쩔 줄 모른다.

이런 식의 '교란 작전'은 사람을 당황하게 만든다. 갑작스럽게 당
한 터라 어떻게 대꾸해야 할지 얼른 묘책이 떠오르지 않는다. 요행히
역공을 날린다 해도 성공 확률이 지극히 낮다. 상대에게 사과를 요구
한다 해도 상대의 말이 과연 직장 내 괴롭힘인지, 그저 농담이었는지
를 두고 다시 실랑이가 벌어질 게 뻔하다. 설사 원래의 토론 주제로
다시 돌아간다 해도 왠지 분위기가 전과 다르다. 뭔가 중요한 실마리
를 놓친 기분이다. 상대의 교란 작전이 목적을 달성한 것이다.

특히 많은 청중이 있는 자리에서 토론을 할 때는 항상 그런 식의
부적절한 교란 작전을 예상해야 한다. 상황은 불쾌하지만 상대가

불시에 놓은 불을 끄기란 쉽지 않다. 이런 상황에서 당신이 유념해야 할 점은 딱 2가지다. 이 2가지를 조심하면 된다.

- 당황하지 마라. 어떤 일이 있어도 토론 주제를 잊어버리면 안 된다. 마음이 진정되지 않거든 숨을 크게 들이쉬고 내쉬면서 정신을 집중하려고 노력하라.
- 상대에게 복수를 하겠다거나, 상대의 말을 정정하겠다거나, 상대 말의 진위 여부를 따지겠다는 마음을 깨끗이 버려라.

생각해보자. 상대가 아무 이유도 없이 그런 교란 작전을 펼쳤을 리 만무하다. 이런 경우에는 상대의 손아귀에 놀아나지 말고 철저히 원래의 주제에 머물러라. 자세를 흐트러뜨리지 말고 말투도 그대로 유지하라. 이제부터 상대의 음해성 발언은 당신이 한 방에 적진의 골대로 날려버려야 할 축구공이라고 생각하는 것이다.

어떻게 맞서야 할까?

자, 그러면 그런 말을 그냥 무시해버리면 될까? 그건 좋은 대응 방법이 아니다. 청중은 이미 그 부적절한 말을 들었다. 그러니 그들의 관심은 당신의 이마에 맺힌 땀으로 향할 것이고, '어머, 정말로 땀이 맺혔어. 많이 긴장했나 봐. 불쌍해라'라고 생각할 것이다. 그러니 무슨 말이든 해서 청중의 관심을 딴 곳으로 돌려야 한다.

"쓸데없는 말로 토론을 방해하지 마십시오." 이렇게 대놓고 공격할 수도 있을 것이다. 하지만 너무 단도직입적이고, 또 유머러스하지도 않다. 그래봤자 청중은 여전히 당신의 이마를 흘깃거릴 것이다.

이번에도 앞에서 설명한 번역 기술을 써먹어보자. 상대의 말을 청중이 알아듣기 쉽게 번역을 해주는 것이다.

scene

> 토론의 반대편 대표가 P에게 느닷없이 이런 말을 던진다. "P 씨, 근데 이마에 땀이 송글송글 맺혔습니다그려?" 청중이 웃음을 터트린다. P가 아무렇지도 않다는 듯 대꾸한다. "제 건강을 염려해주시는 건 감사하지만, 토론 주제로 돌아가지요. 제 생각에는 몇 가지 점에서 아직 가능성이 열려 있습니다. 첫째는……."

명심하라. 토론 주제로 다시 되돌리는 것이 중요하다. 당신의 땀, 당신의 헤어스타일, 당신의 줄무늬 양말, 당신의 미키마우스 넥타이 등에 쏠린 청중의 관심을 토론 주제로 다시 옮겨야 한다. 그러면 청중은 주제를 벗어나 딴죽 걸려 했던 상대에게 불쾌감을 느끼게 될 것이다.

50

성공적인 반격의 비밀

어떠한 일이 있어도 나만 항상 양보하고 웃어넘기고 상대에게 마이크를 건네주어야 할 이유는 없다. 때로는 순발력 있는 반격이, 다시 말해 받은 만큼 되돌려주는 것이 관계 정립에 더 유익할 때도 있다. 이때의 원칙은 '공격이 세고 부당할수록 반격도 세게!'다.

물론 너무 정곡을 찔러 상대의 마음에 돌이킬 수 없는 상처를 입혀서는 안 된다. 여러 사람이 있는 자리에서 웃음거리가 된 상대는 모욕을 당했다는 생각에 당신에게 앙심을 품을 수 있다. 그렇게 되면 괜히 순발력을 뽐내려다가 상대를 불구대천의 원수로 만들 수 있다. 특히 그 상대가 상사라면 정말 상상도 하기 싫은 시나리오가 현실로 펼쳐질 수 있다.

그렇다고 늘 양보만 하고 주변 사람들을 배려하다 보면 무시당할 수도 있다. 다들 아무렇지도 않게 당신을 놀리고 우스갯거리로 만들 수도 있다. 만약 그런 상황에 놓였다면, 그들의 생각과 달리 당신은 아무렇게나 대해도 좋은 겁쟁이나 약골이 아니라는 것을 보여줄 필요가 있다. 그래야 그들이 앞으로는 조심할 것이고 될 수 있는

대로 당신을 괴롭히지 않을 테니 말이다. 그리고 그것은 당신에게
도 유익하다. 반격할 수 있는 스스로의 능력을 목격했으니 자신감
과 자존감이 활활 불타오를 것이 아닌가.

---

scene

Q가 P의 실수를 물고 늘어지면서 질책한다. "자넨 왜 그 모양이야?
머리 잘라내고 없어?" P가 아무렇지도 않다는 듯 대답한다. "왜 물어
봐? 머리 필요해?"

Step 2에서도 언급했지만, 직접적인 공격보다는 살짝 에두르는
대답이 훨씬 더 순발력이 있다고 할 수 있다. 예를 들어 바로 앞의
장면에서 P가 "내 머리는 안 잘랐어. 자네 머리를 잘랐겠지"라고 대
답했다면? 아마도 재치 있는 대답은 아니었을 것이다.

그렇다고 너무 멀리 돌아가서도 안 된다. 한 번의 '트릭', 한 번
의 말장난이나 고의적 오해면 충분하다. 앞의 장면에서 P는 "머리
를 잘랐느냐"는 상대의 질문을 모욕으로 받아들이지 않고, 시급하
게 필요한 장기이식에 대한 문의 정도로 '의도적으로' 곡해했다. 그
러면서 자신을 장기기증자인 양 내세웠다.

TIP

상대가 당신에게서 꼬투리를 잡은 바로 그 문제가 상대에게도 있다고

가정하면 대답을 쉽게 찾을 수 있다. "맥주는 원시인들이나 마시는 술이지." "아, 그래서 네가 그렇게 마셔대는구나."

대조하라고 돌아가라

상대의 말에서 어떤 요인을 끄집어내고, 그 자리에 그것과 대조되는 것을 밀어넣는다. 그 대조가 상대에게 가 꽂히면 당신의 승리다.

scene

Q가 이번에도 P에게 시비를 건다. "머리가 왜 그렇게 안 돌아가? 홍수라도 나서 머리가 물에 빠졌어?" P가 담담하게 대꾸한다. "자네 머리엔 건조주의보가 내린 것 같은데."

여기서는 '홍수가 나서 물에 완전히 젖은 머리'를 '건조해 말라 빠진 머리'와 대조했다. 하지만 꼭 이렇게 정반대되는 개념을 찾을 필요는 없다. 약간의 변형만 가하더라도 정곡을 찌를 수 있으면 된다.

scene

Q가 P에게 말한다. "자넨 완전 바보야." P가 담담하게 대꾸한다. "저런, 자넨 절반 바보도 못 되면서."

논리적으로 따져서 '완전 바보'가 '절반 바보'보다 더 바보이기 때문에 화가 난다는 식으로 생각할 필요는 없다. 완전 바보나 절반 바보나 바보인 것 똑같고, 마찬가지로 욕이니 말이다.

하지만 살다 보면 이렇게 직접적인 공격을 날릴 수 없을 때도 많다. 221쪽 Tip에서 "맥주는 원시인들이나 마시는 술이지"라고 말한 상대가 앞에 물잔을 놓고 있다고 가정하면, 그에게 "아, 그래서 네가 그렇게 마셔대는구나"라는 공격을 할 수 없다. 혹은 마른 동료가 통통한 편인 상대에게 "뚱보는 재수 없어"라는 모욕적인 말을 했다면, 그에게 "자기도 뚱보인 주제에"라고 대꾸할 수는 없다.

그럴 땐 '만일 그렇다면'이라는 표현으로 에둘러 말해야 한다. "맥주는 원시인들이나 마시는 술이지"라고 외치는 금욕주의자에게 당신은 이런 말로 응수할 수 있다. "그런데 왜 네가 안 마시는 거지?" "뚱보는 재수 없어"라고 말하는 동료에겐 이렇게 대응할 수 있다. "그렇다면 자기는 뚱보겠네."

scene

"왜 출세한 여자들은 못생겼을까요?" Q가 마케팅팀 부장에게 말한다. "그럼 Q 씨는 여자겠네요."

때로는 한 발 물러서는 것도 방법이다

공격을 받자마자 즉각적으로 보복의 공을 날리는 것은 거칠고 무식해 보일 수 있다. 그보다는 조금 기다리면서 약간 뜸을 들인 다음에 보복을 가하라. 아주 효과적인 역공이 될 수 있다.

scene

O가 사무실 복도를 뛰어가다가 다른 팀 직원과 부딪쳤다. 선도부 선생님처럼 깐깐한 그이기에 한마디 안 할 리 없다. "아니, 여기서 뛰면 어떡해요? 포대 자루 같은 육중한 몸매로." O가 웃으며 대답한다. "저런, 포대 자루가 뛸 수 있는지 몰랐어요. 물론 당신은 예외겠지만요."

일단 공격을 격퇴한다. 다시 말해 공격을 논박하거나, 논리적인 문제점을 들추어내거나, 자신에게 해당하는 사항이 아니라고 주장한다. 그리고 상황이 종료된 것 같은 시점에 상대를 향해 상대가 던진 모욕적 발언을 되돌려준다. 상대의 공격을 말도 안 되는 헛소리라고 주장한 직후인 만큼, 당신의 대답은 더욱 코믹하게 느껴진다.

꼭 코믹한 대답이 아니더라도 조금 뜸을 들였다가 반격의 공을 날리면 공의 위력이 훨씬 강해진다. 물론 이런 식의 역공은 신중하게 선택해야 하고, 또 상대의 공격이 심할 때 써야 하는 방법이다. 그러지 않으면 자칫 뻔뻔하고 무례한 사람으로 낙인찍힐 위험성이 높기 때문이다.

scene

Q가 P의 제안을 듣고 심하게 비난한다. "잘난 척하려는 티가 너무 역력해요." P가 대답한다. "Q 씨, 제가 잘난 척하려는 게 아니라 잘났습니다." 그리고 미소를 지으며 덧붙인다. "누구하고는 정반대죠."

웃어넘기는 여유를 가져라

유머 감각을 겸비하면 훨씬 재치 있고
순발력 있는 대응을 할 수 있다.
남을 웃길 줄 아는 순발력은
당신의 가치와 평판을 높이는 데에도 도움을 줄 것이다.

51

의사소통의 묘약, 웃음

프레젠테이션을 하고 있는 N의 바지 지퍼가 열려 있다. 그는 그 사실도 모른 채 화면을 가리키며 열심히 설명하고 있다. "이 매출액이면 만족할 만한 수준이라고 여겨지지만 아쉬운 점도 있습니다." 그때 M이 제법 크게 헛기침을 하면서 눈살을 찌푸린다. "M 씨, 무슨 하실 말씀이라도?" 그가 대답한다. "그게 저……." M 다시 헛기침을 한다. "네? 뭐라고요?" M이 하는 수 없이 입을 연다. "저, 음, 남대문이 열렸는데요." N이 웃으며 대꾸한다. "저런, 일어나서는 안 되는 일이 일어났군요." 그가 뒤돌아서 지퍼를 닫고는 다시 담담한 목소리로 묻는다. "그 밖에도 제가 즉석에서 해결해드릴 수 있는 문제가 또 있습니까?"

웃음은 유익한 작용을 한다. 긴장을 풀어줘 기분이 좋아지게 할 뿐 아니라, 함께 웃는 사람들과 '우리는 하나'라는 소속감을 선사한다. 바로 웃음의 전염성 때문이다. 웃는 얼굴을 보고 있으면 나도 모르게 웃음이 나온다. 그러니 상대를 웃음 짓게 할 수 있다면 불쾌한 상황이나 힘든 상황도 쉽게 넘길 수 있을 것이다.

　물론 웃음이라고 해서 밝고 환한 웃음만 있는 건 아니다. 음흉한 웃음, 억지로 웃는 웃음, 남이 잘못된 게 고소해서 웃는 웃음, 멍청한 웃음 등도 있다. 하지만 어떤 종류의 웃음도 순발력을 발휘하는 데 이용할 수 있다. 어떻게 그 웃음을 사용해야 할지 방법만 안다면 말이다.

　몇 년 전부터 웃음에 관한 과학적 연구가 진행되었다. 특히 과학자들이 관심을 가진 부분은 웃음의 대상, 즉 '무엇에' 웃는지였다.

　결과는 뜻밖이었다. 농담이나 재미있는 광경이 웃음의 원천이라는 일반적인 생각과 달리, 사람들은 친구의 이름을 거론하는 지극히 평범한 말에도 웃음을 터트린다는 것이다. 예컨대 걸어가다가 한 친구가 "저기 봐. 연예인 ○○○이야"라고 하면 상대의 얼굴에 자기도 모르는 웃음꽃이 피어오른다.

　이처럼 웃음은 '인간관계의 윤활유' 역할을 톡톡히 한다. 우리가 상대를 향해 웃음을 보이는 것은, 당신을 좋게 생각하고 있으니 걱정할 필요가 없다는 속내를 보이기 위함이다. 상대가 웃음으로 화답하면 점차 친밀한 관계가 형성된다. 물론 이때의 웃음은 스스로도 의식하지 못하는 단정하고 친절한 미소 정도일 것이다.

scene

"이 팀 복사기에서 종이 3장만 훔쳐도 되겠습니까?" 한 직원이 웃으며 O에게 묻는다. "저기요, 4장 훔치셔도 됩니다." 그도 웃으며 답한다.

우스울 게 전혀 없는 상황이다. 하지만 중요한 건 우스운지 아닌지가 아니다. 두 사람은 웃음을 유발해 서로에게 친절하자고 암묵적으로 합의 본 것이다. 웃음을 동반한 약간의 이색적인 말을 통해 인간관계를 돈독하게 하자는 합의 말이다.

TIP

몇 가지 과학적 연구를 통해 입증된 것처럼 인간은 자기와 같이 웃어 주는 사람에게 호의를 느끼고, 나아가 그를 신뢰하게 된다고 한다.

농담의 달인

농담을 잘하는 사람은 느긋하고 여유 있다는 인상을 풍긴다. 설사 곤혹스러운 상황이 벌어져도 당황하지 않고 당당하게 대처한다는 느낌을 준다. 이런 점에서 농담 같은 우스갯소리는 아이러니와 비슷한 기능을 한다. 더불어 농담은 상대에게 '문제를 합의하에 같이 해결하자'는 메시지를 전달한다. 웃음으로 분위기가 부드러워지면 당신도, 상대도 얻는 게 더 많아진다.

문제는 상대가 당신의 농담을 제대로 이해하느냐다. 농담은 대부분 일상어에서 살짝 벗어나는 말이다. 상대가 당신의 농담에 동참하자면 일상어는 물론이고, 당신의 농담을 던지는 방식에 조금이나 마 친숙해야 한다. 그렇지 않다면 당황할 수도 있다. 다른 문화권의 사람들이 만나면 쉽게 갈등에 빠지곤 하는 이유도 서로 잘 모르기 때문이다.

TIP

상대가 알아들을 수 없는 유머나 농담은 오히려 관계에 부담이 된다.

상대가 조금이라도 싫어하는 기색을 보인다면 즉각 그만둬라.

공습경보를 해제해주는 농담

살다 보면 불안한 상황들이 발생할 수 있다. 모르는 사람을 만나거나, 익숙하지 않은 상황에 놓이거나, 한 번도 해본 적 없는 일을 해야 할 때 등 말이다. 그런 순간에는 누구나 긴장을 하게 된다. 바로 이때 던지는 한마디 농담은 긴장을 풀어주고, 상대에게 위험하지 않다는 신호를 보낸다. 농담이 가장 필요한 순간은 바로 이런 힘든 상황, 위태로운 상황이 아닐까.

scene

N이 회사 동료들과 같이 엘리베이터에 갇혔다. "나갈 때까지 뭐 하죠? 숨바꼭질할까요?" 그가 묻자 O가 대답한다. "아니, 피자 시켜 먹어요."

농담은 난감한 상황을 넘기는 데 최고의 묘약이 된다. 내가 난감한 일을 당했을 때나, 다른 사람을 난감한 상황에서 구해주고 싶을 때도 유머러스한 농담 한마디로 상황을 매끄럽게 풀어나갈 수 있다.

또 농담은 공습경보를 해제해주는 역할을 한다. 주변 사람들에게 어떤 일을 당했다 해도 그 일 때문에 주눅 들지 않았다는 신호를 보내는 것이다. 또 그 일에 일정한 거리를 두고 관찰할 수 있게 함으로써 당당하게 정상적인 상태로 되돌아갈 수 있게 한다.

대개 아침에 회사에 출근하면 동료들에게 똑같은 방식으로 인사를 한다. 다시 말해 '정상적인' 인사를 건넨다. 분위기를 좋게 하는 농담을 하고 싶으면 그 전형적인 인사와 다른 인사를 던져야 한다. 사무실 복도에서 당신이 동료에게 "와우!" 하고 소리를 지르면 대부분은 당신이 농담을 걸고 있다고 생각할 것이고, 상대 또한 재미난 인사로 화답을 하거나 최소한 다정한 미소를 보낼 것이다.

농담은 많든 적든 '정상적인 말'에서 비켜난 말이다. 그러므로 농담은 아이러니처럼 '이제부터 하는 말은 농담이니 당황하지 말라는 신호'가 필요하다. 그러한 신호로는 다음과 같은 것들이 있다.

- 과장된 몸짓, 제스처, 말투
- 부적절한 표현이나 과장된 표현
- 고의적인 실언이나 왜곡
- 찡긋거리는 눈짓이나 웃음

물론 이런 신호들도 적당하게 섞어 써야 한다. 지나치면 "정말 미쳤나?"라는 오해를 받을 수 있다.

TIP

농담을 던지는 사람은 상대가 농담으로 호응해주길 기대한다. 농담을 듣고도 진지하게 반응하면 '형광등'이나 '썰렁이' 취급을 받기 쉽다. 정말 재미있는 말로 응수하지 않아도 좋다. 적당한 대답에 적절한 신호만 동반하면 그것으로도 족하다.

52

상대의 웃음보를 공략하라

당신을 공격하는 사람은 아마도 당신을 좋게 생각하지 않을 것이다. 어쩌면 당신을 깔아뭉개고 싶거나, 당신에게 괜한 화풀이를 하고 싶은 것인지도 모른다. 하지만 당신이 그의 웃음보를 터트린다면 그의 공격도 위력을 발휘할 수 없다.

웃음은 사람과 사람을 연결 지어줄 뿐 아니라 무장해제시키는 효력이 있다. 그러므로 재미있는 대답으로 상대를 웃게 만드는 것도 효과적인 대응 방법의 하나가 될 수 있다. 긴장이 풀리면서 팽팽하던 분위기가 저절로 누그러질 테니 말이다.

scene

강연을 마친 교수에게 한 학생이 질문을 한다. "좋은 말씀 잘 들었습니다." 기분이 좋아진 교수가 웃으며 답한다. "뭘요. 들어주셔서 감사합니다." 그러자 학생이 말투를 바꾸며 공격적으로 질문하기 시작한다. "그런데 말씀하신 내용 중에 몇 가지 잘못된 점이 있는데요." 교수가 장난스럽게 두 손을 머리 위로 들며 말한다. "졌습니다." 청중들이와 하고 웃음을 터트린다. 더는 질문을 이어갈 수 없게 된 학생이 따라 웃으며 자리에 앉고 만다.

나를 공격하는 상대는 당연히 나와 그저 '농담 따먹기'를 하자는 의도가 아닐 것이다. 그러나 바로 그 점을 공략해 상대를 웃음 짓게 한다면, 나를 공격하려던 상대의 의도는 자연스럽게 무산되고 말 것이다. 웃고 싶지 않아도 웃을 수밖에 없는 인간의 생리작용을 이용한 전략이다. 아무리 웃고 싶지 않더라도 상황이 너무 웃기면 자기도 모르게 '푸' 하고 웃음이 터지니 말이다.

상대를 웃게 만드는 방법에는 3가지가 있다.

- 상대의 기대를 부순다.
- 웃음의 전염력을 활용한다.
- 부드럽게 허를 찌른다.

지금부터 하나씩 자세히 살펴보자.

53

상대의 기대를 부순다

'상대의 기대를 부순다'는 가장 간단하면서도 안 먹히는 경우가 거의 없는 처방전이다. 다만 상황이 너무 심각할 때는 상대가 웃기는커녕 불안에 떨거나 겁을 집어먹을 수 있다. 그러므로 상대를 웃음 짓게 하면서 동시에 상대에게 해가 되지 않는다는 확신을 줘야 한다. 이렇게 상대의 마음을 진정시키는 유화책, 바로 그것이 웃음과 아이러니의 숨은 의미다.

충분히 예상할 수 있는 것은 웃기지 않다. 듣기 좋은 노래도 한두 번이지, 아무리 재미있는 우스갯소리도 자꾸 들으면 식상해지는 법이다. 매번 똑같은 레퍼토리를 여기저기 떠들어대는 사람은 웃음은커녕 짜증만 유발한다. 누구나 그의 전략을 꿰뚫고 있어서 놀라워하지 않는 것이다.

기대를 쌓고 허문다

해가 되지 않는 놀라움은 웃음을 유발한다. 이는 누구나 타고나는 생물학적 프로그래밍이기에 누구도 피해갈 수 없는 인간의 본능이다. 이 같은 사실은 몇 년 전 실시된 몇 번의 실험을 통해서도 확인된 바 있다.

실험 과정은 아주 간단하다. 역기 10개를 일렬로 세워둔다. 1번 역기는 들었을 때 아주 가볍다. 2번은 1번보다 조금 더 무겁고, 3번은 2번보다 조금 더 무겁다. 뒤로 갈수록 역기의 무게가 점점 더 늘어나기 때문에 실험 참가자들은 10번째 역기가 제일 무거울 것이라고 예상한다. 하지만 예상과 달리 10번째 역기는 너무도 쉽게 쑤욱 올라간다. 알고 보니 10개 중에서 마지막 것이 제일 가벼운 것이다. 그 순간 실험 참가자들은 웃음을 터트린다.

이렇게 상대의 기대를 이용한 게임은 실패할 확률이 거의 없다. 특정 반응에 대한 상대의 기대가 견고할수록 그 기대를 무너뜨리기도 쉽다.

바로 앞에서 살펴본 교수 에피소드도 마찬가지다. 교수에게 질문하려던 학생은 교수가 자신의 질문에 반박하면서 나름의 논리를 전개할 것이라고 기대했다. 하지만 질문과 동시에 항복을 선언한 교수의 반응은 모두의 기대에서 벗어났고, 청중은 자기도 모르게 웃음을 터트렸다.

물론 교수가 그런 유머로 무사히 상황을 모면했을지는 다른 문제다. 그러나 일단 웃음을 유발해 청중을 자기편으로 만드는 데에는 성공했다. 그 후 그가 학생이 지적하려던 문제점들을 하나하나 반박해나갈 것인지 말 것인지는 전적으로 그의 자유다.

또 다른 상황을 살펴보자.

"그럼 내 전화번호 불러줄 테니까 받아 적어." Q가 전화로 P에게 말한다. "준비됐어?" "응, 불러줘." P가 대답한다. "010-1206……." Q가 번호를 부른다. P가 따라 부른다. "011-019……." Q가 웃음을 터트리고 P도 따라 웃는다.

P는 저녁 식사 초대를 받고 상사의 집으로 간다. 상사의 아내가 평소처럼 손님 접대를 시작한다. "마실 거 좀 드릴까요?" P가 대답한다. "아뇨, 이미 너무 많이 마셔서 정신이 혼미한데요." 상사의 아내가 웃음을 터트리며 고개를 가로젓는다. "그래도 말짱하신데요." P도 웃으며 말한다. "너무 걱정 마세요. 농담이었으니까요."

이처럼 예상외의 반응은 상대를 놀라게 해 웃음을 유발하지만 과하면 상대에게 어처구니없다는 느낌, 속았다는 느낌을 줄 수 있다. 그러면 상대는 웃음은커녕 불쾌한 표정을 지을 것이다. 바로 다음 상황처럼 말이다.

사무실 복도에서 마주친 한 동료가 Q에게 묻는다. "Q 씨, 지금 몇 시죠?" Q가 걸음을 멈추고 팔을 들어 올려 시계를 쳐다보더니 고개를 끄덕이며 대답한다. "적시네요." 그러고는 얼른 달아나버린다. 동료는 짜증이 나서 인상을 찌푸린다.

아무런 의미도 없는 헛소리를 듣고 웃음을 터트릴 사람은 별로 없을 것이다. 보통 상대의 웃음보를 공략하려면 상대의 기대와 화자의 말 사이에 연관성이 있어야 한다. 그러므로 농담을 할 때는 상대의 기대에서 과도하게 벗어나지 않도록 조심하라. 뒤에서 설명하겠지만, 의도적으로 말도 안 되는 소리로 반격하는 '맞습니다, 맞고요' 기술은 예외다.

TIP

농담은 유효기간이 짧다. 따라서 메뉴를 자주 바꿔줄 필요가 있다. 앞의 전화번호를 일부러 잘못 불러주는 유머는 한 번 더 하면 재미가 없다. 또 비슷한 스타일의 농담을 너무 자주 하지도 마라. 실없는 사람으로 보일 위험이 있다.

54

웃음의 전염력을 활용한다

인터뷰 상대에게 불쾌한 질문을 던지기로 유명한 신문기자는 늘 사람 좋은 웃음으로 인터뷰를 시작한다고 한다. 놀랍게도 이런 초간단 전략이 상대의 경계심을 단숨에 날려버린다고 한다.

이처럼 상대의 입가에 웃음이 떠오르게 하는 아주 간단한 방법이 있다. 바로 내가 먼저 상대를 향해 웃음을 짓는 것이다. 당신이 웃었는데도 상대가 따라 웃지 않는다면, 당신은 그와(혹은 그가 당신과) 무슨 문제가 있는 사이일 것이다.

웃음은 상대를 향해 내미는 손과 같다. 따라 웃는 상대는 당신이 내민 손을 맞잡는 것이다. 상대의 얼굴이 여전히 굳어 있다면 당신과 상종하고 싶지 않다는 신호다. 아니면 상대가 지금 도저히 웃을 수 없는 상황이든지. 만약 이 전략이 먹히지 않았다면 웃음의 전염력을 써먹어보자.

- 역공을 하면서 상대를 향해 웃어보라. 미소 하나만으로도 상대를 무장해제시키는 효과가 나타날 것이다.

- 상대가 집단(혹은 관중 및 청중)의 구성원이라면 그 집단 전체를 웃게 만들어야 한다. 상대는 집단의 구성원이므로 다른 사람들을 따라 웃을 수밖에 없다. 안 웃으면 외톨이가 될 테니까.
- 당신이 집단의 구성원이라면 집단을 웃기는 일이 훨씬 수월하다. 집단이 웃으면 상대의 공격은 맥을 못 춘다. 당신의 말에 대한 집단의 웃음은 '저 사람은 우리 편이야'라는 의미일 테고, 상대는 감히 집단을 상대로 싸울 엄두를 내지 못할 테니 말이다.

'내부자 유머'를 찾아라

집단의 구성원이라면 자기들끼리 통하는 웃음 코드가 있는 법이다. 남들이 보기엔 하나도 안 웃기지만 자기들끼리는 깔깔거리며 좋아한다. 그 집단에 속해 그 일에 대해 함께 웃음을 터트린다는 사실 자체가 중요하기 때문이다. 당연히 그 집단이 아닌 사람은 웃을 수가 없다. 아니, 아예 무슨 말인지 이해조차 하지 못하는 경우도 많다.

그런 '내부자 유머'를 적극 활용해보자. 집단에서 재미있다고 생각하는 주제나 단어를 웃음의 소재로 삼거나 이리저리 재미있게 변형해보자. 틀림없이 웃음보가 터져 모두가 즐거운 한때를 보낼 수 있을 것이다.

집단에 들어온 지 얼마 안 된 햇병아리라면 '내부자 유머'를 구사하는 것은 훗날을 기약하는 것이 좋다. 아직 얼마 되지도 않았으면서 벌써 집단에서만 통하는 주제로 농담을 날리는 것은 건방지다는 느낌을 줄 수 있다.

55

부드럽게 허를 찌른다

누군가를 공격할 때 당신은 어떤 예상을 내리는가? 당연히 상대가 방어할 것이라 예상할 것이다. 그럼 상대가 어떻게 나왔을 때 당신이 깜짝 놀라겠는가? 상대가 당신의 말이 맞다고 수긍해버릴 때다. 애용되는 '맞습니다, 맞고요' 기술은 바로 이런 간단한 원칙에 기반을 두고 있다.

물론 정말로 상대의 말이 옳다고 생각하는 것은 아니다. 그래서 왜 '맞다'고 하는지 그 이유를 상대에게 들려주는데, 그것이 너무나 황당해 웃음을 유발하는 것이다. 아니면 상대의 공격을 당신이 몇 배 더 부풀려도 같은 효과를 낼 수 있다.

scene

"J 씨, 역시나 오늘도 많이 먹네!" 동료가 놀리는 투로 말한다. J가 대답한다. "전 보통 식당에 들어가면 메뉴판을 통째로 시켜요."

이 방법의 특별한 장점은 당신을 유머 감각이 있고, 자신감과 자존감이 넘치는 사람으로 보이게 한다는 것이다. 상대의 공격에 별로 화를 내는 것 같지도 않고, 보복을 가하는 것 같지 않으면서도 할 말은 다 한다.

그 결과 당신은 주변 사람들의 호감을 얻을 테고, 상대는 어쩔 수 없이 당신의 유머에 따라 웃게 될 것이다. 아니면 괜한 사람을 골탕 먹이려는 심술쟁이로 비칠 테니까.

'맞습니다, 맞고요' 기술의 원리는 아주 간단하지만, 실전에서 적용하기란 생각처럼 쉽지 않다. 상대의 공격을 상대가 생각하지도 못한 논거로 더 부풀려 막아야 하기 때문이다. 그러니 사전 준비가 필요하다. 기본 뼈대는 그대로 두고 상황에 따라 약간씩 변형을 해야 한다.

'맞습니다, 맞고요' 기술은 앞일을 어느 정도 예상할 수 있을 때에만 효과가 있다. '상대가 어떤 말로 나를 공격할 것인가?', '나의 어떤 점이 상대의 공격 대상이 될 것인가?' 상대의 비난 레퍼토리가 예상 가능한 수준이라면 대응도 크게 어렵지 않을 것이다. 비난의 대상은 항상 똑같다. 실제 약점이 아니라, 헐뜯으려고 억지로 끄집어낸 약점이다.

- **외모**: 뚱뚱하거나 너무 말랐거나, 키가 너무 크거나 작거나, 대머리
  이거나 머리숱이 너무 많거나, 신체 부위 중 하나가 너무 크거나 작
  거나, 여드름이 많이 났거나 치아가 고르지 않다면, 이런 공격을 예
  상할 수 있다.
  → "당신은 못생겼어!"

- **패션과 스타일:** 패션 감각이 너무 없거나 지나치거나, 너무 비싼 옷이나 아니면 너무 싸구려 옷을 입거나, 너무 어두운 색 옷을 입거나 그것도 아니면 너무 화려한 옷을 입거나, 액세서리를 하거나 안 하거나, 향수를 뿌리거나 안 뿌린다면, 이런 공격을 예상할 수 있다.

  → "당신이 몸에 걸친 건 정말 못 봐주겠군!"

- **말:** 목소리가 너무 크거나 혹은 너무 작거나, 말실수가 잦거나 사투리를 쓰거나, 말 사이사이 "흠" 하고 뜸을 너무 많이 들인다면, 이런 공격을 예상할 수 있다.

  → "우리말도 제대로 하지 못하네?"

- **성격, 습관, 취미, 정치적 견해, 도덕적 입장, 종교:** 이 모든 것이 공격의 대상이 될 수 있다.

  → "그런 생각을 하다니 미쳤구먼!"

- **능력:** 성과가 낮거나, 실수가 잦거나, 학벌이 낮거나, 건망증이 심해도 이런 공격을 예상해야 한다.

  → "그러니 그 정도 대학밖에 못 나왔지!"

이것이 기본 재료다. 이 재료로 어떤 요리도 할 수 있다. 가능한 공격의 메뉴를 작성해보고, 어떻게 해야 상대보다 더 허세를 떨 수 있을지 공격 레시피를 고민해보자.

- "정말 말이 없군요."

  → "옳은 말씀이세요. 가끔 저도 제가 귀가 먹은 건 아닐까 해요."

- "운동 좀 해. 그러다 살 더 찌면 어쩌려고 그래!"
  → "맞아. 누워서 리모컨만 눌렀더니 팔뚝에 이만한 근육이 생겼어."
- "넌 너무 멍청한 것 같아."
  → "맞아. 내 아이큐는 마이너스 250이야."
- "향수 냄새가 너무 독한 거 아니에요?"
  → "맞아요. 브라질에선 이걸로 흰개미를 죽인다고 하더라고요."
- "주말에 또 집에만 있었어? 친구가 아예 없어?"
  → "그래, 네 말이 맞아. 소방서에서 불 끄러 오기 전에는 집 밖을
  안 나가거든."
- "너무 마른 거 아니에요? 밥 좀 먹고 다녀요."
  → "맞아요. 다이빙대에서 뛰어내렸더니 수영복이 먼저 떨어지더라
  고요."

더 간단한 방법도 있다. 자신에게 말도 안 되는 '별명'을 갖다 붙
이면서 자랑스러운 듯 으스대는 것이다.
- "맞아요. 사람들이 절 걸어 다니는 호빵이라고 부르더군요."
- "맞아요. 저더러 인간의 탈을 쓴 전봇대라고 하더군요."

'맞습니다, 맞고요' 기술로 더 큰 웃음을 유발할 수 있으려면 상황과

전혀 맞지 않는 자기의 별명을 지으면 된다.

"기가 작은 편이시네요." "아니, 무슨 그런 말씀을? 우리 조카는

저더러 '키다리 삼촌'이라고 하는데요!"

56

피할 수 없다면 즐겨라

스스로에게 칭찬 아닌 비난을 날려보자. 만일 다른 사람이 그 말을 했다면 심한 모욕감을 느꼈을 말 말이다. 그렇다면 나를 비하하는 말이 상대에게 이익이 되지는 않을까? 상대의 공격을 스스로 인정하는 꼴이 되지나 않을까? 하고 걱정이 들 수도 있다.

걱정하지 마라. 왜냐하면

- 공격을 당했을 때, 상대보다 한술 더 떠 자기 자신을 비하하는데 상대가 더 이상 무슨 할 말이 있겠는가.
- 당신이 지금 한 말은 아무도 진지하게 들어주지 않을 정도로 황당하다. 그래서 웃음을 유발한다. 이때 나오는 호탕한 웃음은 당신이 상대에게 멋지게 한 방 날렸다는 의미다.
- 당신의 당당한 대꾸를 들으면서 상대는 자신의 공격이 당신에게 쥐꼬리만큼도 타격을 입히지 못했다는 사실을 깨닫게 된다.

상황을 우습게 만들어버려라

다만 맞습니다, 맞고요 기술을 쓸 때 주의해야 할 점은 상대가 먼저 '유머러스'하게 접근할 경우 다른 기술을 택하는 편이 좋다는 것이다. 이 기술을 쓸 때는 상황을 우습게 만드는 당사자가 당신이어야 한다. 안 그래도 웃긴 상대의 공격을 당신이 더 부풀린다면 상대가 옳다는 것을 인정하고, 스스로를 꾸짖는 꼴이 되어버린다.

공격을 터무니없는 수준으로 몰아가서 오히려 우습게 만들어버리는 또 다른 방법들이 있다. 상대가 비난한 바로 그 점을 말도 안 되는 장점으로 승화시키는 것이다. 혹은 상대의 공격을 과장해 부풀릴 수도 있다.

- **장점으로 승화시킨다:** "어떻게 귀가 코끼리보다 더 커요."
  → "맞아요. 아기 코끼리 점보처럼 펄럭펄럭 날 수도 있어요."
- **과장:** "대게 처음 먹어봐요? 먹는 방법 몰라요?"
  → "당연히 알죠. 빨대 집어넣어서 빨아 먹으면 되잖아요."

상대의 말을 일부러 오해하는 것도 좋은 방법이지만, 상황 자체를 잘못 이해한 척하면서 새로운 의미를 갖다 붙이는 방법도 효과적이다. 가장 대표적인 방법이 상대의 공격을 긍정적으로, 혹은 중립적으로 해석해버리는 것이다. 예를 들어 상대가 화를 내면 그것을 당신에게 구하는 조언으로 곡해하는 것이다.

"사람이 어떻게 그렇게 살이 찔 수가 있어?" U가 디저트를 열심히 먹고 있는 T에게 말한다. 그는 이렇게 대답한다. "아주 쉬워요. U 씨처럼 까탈스럽게 굴지 않고 주는 대로 잘 먹으면 되지요."

누군가 당신의 옷이 한심하다는 투로 말한다면? 상대가 당신의 옷을 탐내고 있다는 식으로 해석해 "너무 마음에 드는 옷이라서 팔고 싶지 않다"고 대답해보라.

마음 내키는 대로 행동하라

유머러스한 사람임을 자처해 다른 사람들(공격을 한 상대까지 포함해)을 웃겨보는 것은 어떨까? 상대의 공격이 상처가 되기는커녕 한판 신나게 놀 자리를 깔아준 것처럼 말이다.

광대가 되어 내키는 대로 행동해보자. 상대의 말은 듣고 싶은 대로 듣고, 특이한 행동도 서슴지 않고 마음대로 행동하는 것이다. 보통 사람들이 정상적이라고 생각하는 말과 행동에서 무조건 비켜나라. 거스를 수 있는 자유, 광대의 자유를 마음껏 누려보라.

광대는 천하무적이다. 어떤 공격도 명중시키지 못한다. 공격을 놀이로, 재미로 생각하는 사람에게 공격이 무슨 효과가 있겠는가. 상대는 저절로 공격을 접고 물러갈 것이다.

57

역공도 재미있게 하라

당신에게 적대감을 품고 있는 사람이라면 당신이 아무리 유머나 농담으로 분위기를 풀어보려 애써도 잘 웃으려 들지 않을 것이다. 가능하다면 '윈윈전략'이 서로에게 가장 바람직한 방법이겠지만, 이런 경우는 눈 질끈 감고 상대를 웃음거리로 만드는 수밖에 없다.

화해 제스처를 거부한 쪽은 상대이므로 주변 사람들의 호감은 당연히 당신의 것이다. 비열하고 부당하게 행동하는 사람이 벌을 받으면 내심 통쾌해하는 것이 우리네 기본 정서니까. 게다가 그 역공이 즐겁고 재미있는 방법이라면 당연히 더 많은 호응을 얻을 것이다.

이 책에서 소개할 방법은 2가지다. 전통적인 역공법과 침술법이 그것이다.

TIP

전통적인 역공법과 침술법은 청중이 있을 때 최고의 효과를 발휘한다. 한 사람만 있어도 괜찮다.

252

더 유머러스하고 예리하게

전통적인 역공법은 아주 우아한 방법이지만, 고도의 순발력을 요하는 기술이기 때문에 응용이 쉽지는 않다. 이 방법은 총구 돌리기 기술처럼 공격의 화살을 상대에게 되돌리는 방법이다. 다만 전통적인 역공법은 상대의 표현을 차용하기 때문에 훨씬 더 교묘하다. 그 결과 당신의 대답이 더 유머러스해지고, 그러면서도 더 예리해진다.

하지만 이런 강점이 동시에 최고의 단점이 될 수 있다. 상대가 던진 말에서 공격의 표현을 찾아야 하기 때문이다. 상대의 말을 멋지게 돌리지 못하면 오히려 역효과가 날 수도 있다.

scene

영국의 수상 처칠에게 영국 최초의 여성 하원의원 낸시 에스터Nancy Astor가 말했다. "내가 당신과 결혼했더라면 당신에게 독을 먹였을 거예요." 처칠이 대꾸했다. "내가 당신과 결혼했더라면 그 독을 먹었을 거요."

많이 인용되는 처칠과 에스터의 설전은 전통적인 역공법의 대표적인 사례다. 처칠은 결정적 지점에서 한 개념을 정반대되는 개념('독을 먹이다'를 '독을 먹다'로)으로 교체해 에스터의 공격을 헛고생으로 만들어버렸다.

그의 역공이 순발력 있게 보이는 이유는 역공의 형식이 공격 방식과 동일하기 때문이다. 만일 처칠이 "그럼 그 독 그냥 마셔드리지!"라고 대답했다면 힘이 빠지면서 미적지근한 역공이 되고 말았을 것이다.

하지만 이 '메아리 원칙'을 따르면서 주요 지점의 개념을 교체하는 것만으로는 충분하지 않다. "내가 당신과 결혼했더라면 당신을 쏴 죽였을 거요"라고 했다면 그의 대답은 지금까지 인구에 회자되는 재치 있는 명대사로 남지 못했을 것이다.

그 대답이 순발력 있는 대꾸의 모델이 된 것은 거의 같은 형식에서 새롭고 놀라운 대답이 튀어나왔기 때문이다. 에스터가 거부감을 살인의 욕구로 표현했다면, 처칠은 거부감을 (물론 진심은 아니었을) 자살의 뜻으로 바꾸어 표현한 것이다.

성공적인 역공의 원칙은 2가지다. 첫째, 공격의 형식을 그대로 베낀다(메아리 원칙). 취할 수 있는 것은 모두 취해야 한다. 특히 문장의 첫 부분과 끝부분은 메아리 효과를 극대화하는 데 아주 좋은 도구다. 둘째, 뒤집기 원칙이다. 상대의 표현을 정반대로 뒤집거나 정반대의 개념으로 교체하는 것이다.

TIP

가령 '나'는 '너'로, '남자들'은 '여자들'로, '당신과 함께'는 '당신 없이'로, '검은'은 '흰'으로 바꾼다.

한 단어의 반대말이 여러 개인 경우도 많다. 예컨대 보통 '백'의 반대말을 물으면 '흑'을 먼저 떠올리지만, 학교 운동회에서 '백군'의 적군은 '흑군'이 아니라 '청군'이다.

언어의 이런 특징을 잘 활용하면 순발력 있는 대답을 떠올릴 수 있을 것이다. 어떤 식으로든 말을 꼬고 뒤집어도 좋다. 중요한 건 그 결과로 의외의 개념이나 단어가 튀어나와야 한다는 것이다.

scene

새로 온 비서가 사장의 악필 때문에 괴로워하다가 사장한테 건의를 한다. "도저히 읽을 수가 없습니다." 그러자 사장 왈, "2개월 시간을 줄 테니 내 글씨에 익숙해지도록." 비서가 대꾸한다. "그럼 저는 2주 의 시간을 드릴 테니 읽을 수 있게 써주세요."

대담하지만 아주 순발력 있는 대답이다. 상대의 형식은 차용하되 내용은 전혀 예상 밖의 것으로 바꿨다. 더욱이 상사의 지령을 순순히 따르기는커녕 더 까다로운 지령을 상사에게 내린다. 상사는 2개월의 여유를 주었지만, 비서는 2주의 시간밖에 주지 않았다.

실제로 전통적인 역공법 그대로 역공을 펼칠 기회는 그리 많지 않다. 그렇다면 수위를 살짝 낮추어도 상관없다. 1~2가지 단어나 개념만 끄집어내어 내키는 대로 변형시켜도 좋다.

한 동료가 O에게 말한다. "생각해보니 지금까지 O 씨하고 생각이 같은 사람들은 전부 회사에서 쫓겨났네." O는 역공을 날린다. "가만있자, 그럼 당신이랑 생각이 같은 사람들은 안 쫓겨났나 보네." 생각하는 척하던 그가 덧붙인다. "근데 누가 있었나? 한 사람도 안 떠오르는데?"

TIP

전통적인 역공법은 유머러스한 공격도 유머러스하게 물리칠 수 있다. 공격의 칼날이 예리하지만 재미도 충분히 있어서 상대가 모욕감을 느끼지 않는다.

58

명중률을 높이고 싶을 때는
침술법을 써라

전통적인 역공법은 우아하지만 단점이 하나 있다. 명중률이 높지 않다는 점이다. 첫째는 상대가 먼저 던진 것을 붙들어 다시 그것을 상대에게 날리는 원리 때문에 그렇고, 둘째로는 기본적으로 말장난이어서 제아무리 독설을 날려도 상대가 그저 유머로만 알아들을 가능성이 높기 때문이다.

그러니 조금 더 확실하게, 조금 더 세게 역공을 하고 싶을 때는 침술법을 쓰는 것이 좋다. 가는 침으로 큰 효과를 보는 침술법처럼 툭 건드려도 상대에게 큰 충격을 줄 수 있다.

침술법의 목표는 명중이다. 따라서 상대가 당신의 아픈 부분을 건드린 것과 상관없이 상대가 가장 아프다고 느끼는 부분을 찌른다. 상대가 당신의 약점을 공격하면 당신도 상대의 약점을 공격하는 것이다.

침술법은 전통적인 역공법과 달리 상대의 공격에 따라 답이 달라지지 않는다. 어느 곳을 찌를 것인지는 당신이 결정한다. 찌르는 부위에 따라 이 방법은 다시 2가지로 나뉜다. '캐리커처'와 '가정'이다.

캐리커처

상대의 특징을 잡아내어 그 부분을 집중 공략하는 방법이다. 심심하고 재미없게 들리지만 효과는 상당하다.

> 한 직원은 회사 안에서 바람둥이로 소문이 자자하다. 그래서 O는 그를 공격할 때마다 그의 화려한 여성 편력을 들먹인다. 그럴 때마다 동료들은 백이면 백 고개를 돌리고 킥킥거린다.

똑같이 여성 편력을 들먹이더라도 "카사노바님, 또 시작이군요" 식의 밋밋한 공격은 별로 효과가 없다. 나비처럼 날아 벌처럼 찌르고 얼른 빠지는 순발력이 필요하다.

> 한 직원이 지각한 O를 놀린다. "30분 늦었네요. 여자라서 그런가? 주차를 잘 못하겠나요?" O의 대답. "오, 역시 여자 경험이 많으니 여자들이 왜 지각을 하는지 단번에 알아맞히시는군요." 옆자리 동료들이 킥킥거린다.

꼭 온 동네 소문난 특징만 공격 목표로 삼을 필요는 없다. 작은 특징이나 약점이라도 모두가 웃으면 그것으로 충분하다. 무슨 특징이든 간에 남들과 다른 점이면 괜찮다. 상대가 패션에 유난히 신경을 쓰는 사람이라면, 그것을 웃음의 소재로 삼을 수 있다. 인간이라는 복잡한 존재를 하나의 특징으로 축약시키는 것 자체가 우스운 일이니 말이다.

---

scene

명품이라면 사족을 못 쓰는 걸로 소문이 자자한 G가 F에게 막말을 쏟아낸다. "최근 들어 자기 평판이 얼마나 웃긴 줄 알아?" F가 대답한다. "왜? 내 의상이 자기 악어가죽 구두하고 안 어울려서?" 동료들이 낄낄거린다.

이런 식의 대응은 효과도 크고 호응도 크지만, 그만큼 위험도 크다. 도를 넘기가 쉽기 때문이다. 그 결과 상대는 이를 갈며 복수할 날을 꿈꿀 것이고, 기회가 보이면 바로 복수를 감행할 것이다. 또한 당신의 말을 들은 사람들이 그 절묘한 비유에 감탄해 너도나도 써먹을 것이고, 그러다 보면 상대방은 회사에서 순식간에 그 비유로 통할 수 있다. 일종의 낙인이 찍히는 것이다.

이 기술은 자주 사용하지 마라. 분위기가 험악해질 위험이 있다. 또 다른 누군가가 이 기술로 한 사람을 계속 놀림감으로 삼을 경우, 절대 그에게 동조를 보내지 마라. 다음 희생자는 당신이 될 수 있다.

'가정'하라

뚜렷한 특징을 공략하려면 상대를 어느 정도 알아야 한다. 모르는 사람의 특징을 알 수는 없는 일이니 말이다. 상대를 잘 모를 경우엔 꼬투리를 잡을 만한 특징이 있다고 가정하는 방법이 있다. 다음에 소개하는 방법들이 제일 무난하다.

- **질투가 나서:** 당신이 워낙 잘나가고 똑똑해서 상대가 샘을 내고 있다고 가정한다.
- **심통이 나서:** 그냥 아무 이유도 없이 당신을 괴롭히고 싶어한다고 가정한다.
- **잘난 척하고 싶어서:** 잘난 척하고 싶어서 당신을 깔아뭉갠다고 가정한다.
- **멍청해서:** 상대는 자기가 무슨 말을 하는지조차 모르는 '멍청이'라고 가정한다.

■ **자신의 약점을 숨기려고:** 자기가 놀림감이 되지 않으려고 먼저 선수를 친다고 가정한다.

마지막인 경우는 특히나 상대의 약점을 공략하는 방법 말고는 달리 할 것이 없다. 이 '가정법' 역시 당신이 심하게 부당한 공격을 당한 경우에만 사용해야 한다.

scene

"오늘따라 왜 이렇게 피곤해 보이지? 피부도 푸석푸석한 거 같고." 한 동료가 O한테 시비를 건다. 그의 대답은? "자네가 내 얼굴을 부러워한다는 건 내 진작부터 알고 있었지."

사람들이 많이 모인 곳에서는 어떻게 말하는 것이 좋을까?

사람이 많은 곳에서 순발력을 발휘하려면
상대만 공격의 대상으로 삼아서는 안 된다.
나머지 사람들까지 설득시켜
그들을 내 편으로 만들어야 한다.

59

토론할 때 간과하는 것들

당신이 어떤 상대와 토론하고 있다. 청중은 두 사람의 말을 경청하면서 토론의 주제에 대해 나름의 견해를 형성할 것이다. 그리고 많은 경우 누구의 논리가 먹히는지는 청중에게 달려 있다.

청중은 일종의 공진공동共振空洞이다. 발언의 효과를 키울지 그냥 삼켜버릴지는 그 공진공동에 달려 있다. 상대가 당신을 어떻게 생각하느냐는 중요하지 않다. 당신에게 호감이 없는 사람을 굳이 설득시킬 필요는 없다. 하지만 청중은 다르다.

그런데 청중을 무시하고 자기들끼리 열을 올리는 토론자들이 적지 않다. 알아들을 수 없는 전문용어가 수시로 튀어나오고 숫자가 사방으로 날아다니며 인신공격이 횡횡하고 청중이 보기엔 조금도 중요하지 않은 일로 핏대를 올린다.

TIP

청중이 있는 토론일 경우, 누구를 타격 목표로 삼을 것인지 미리

설정해야 한다. 상대방인가, 아니면 청중인가?

토론을 할 때 가장 중요한 규칙은 '누구나 이해할 수 있게!'다. 아무리 정확하게 표현했다 해도 아무도 알아듣지 못한다면 그게 다 무슨 소용인가. 너무 쉬운 표현을 사용했나 하고 걱정할 필요는 절대로 없다. 어려운 말을 쉽게 풀기는 어려워도 쉬운 말을 전문용어로 옮기기란 큰 문제가 아닐 테니 말이다. 상대가 너무 간단하게 설명한다고 지적하거든 그때부터 복잡하게 설명해도 늦지 않다.

설사 당신의 토론 상대가 같은 분야의 전문가라도 청중을 생각해 전문용어는 최대한 피하는 것이 좋다. 청중은 자기를 배려해주는 전문가에게 특별한 호감을 표할 것이다. 영어도 될 수 있는 대로 사용하지 마라. 영어를 모국어로 사용하는 청중이 모인 자리가 아니라면.

TIP

문장은 짧게! "한 문장의 단어가 13개를 넘어가면 사람들은 이해

하지 못한다." 독일의 TV 사회자인 막스 샤유처Max Schautzer의 말이다.

순발력 있는 대답에도 적용할 수 있는 말이다.

60

상대의 말을 자르는 법

순발력은 즉각적 반응을 먹고 사는 생물이다. 하지만 많은 사람을 모아놓고 토론을 할 때는 한쪽이 주장을 펼치는 동안 다른 쪽은 입을 다물고 경청을 하는 것이 보통의 규칙이다. 한쪽의 말이 끝나야 다른 쪽이 상대의 근거 없는 주장, 중상모략, 저급한 거짓말에 대해 나름의 입장을 취할 수 있다. 아주 공정한 것 같지만 사실 그렇지가 않다. 순서가 될 때까지 기다리다간 순발력 있는 대답이 불가능하기 때문이다.

그래서 실제로는 교양 있는 대화의 규칙을 지키는 사람이 많지 않다. 따지고 보면 프로들이 규칙을 제일 안 지킨다. 그게 지극히 정상인 이유는 상대의 말을 자르지 않고서는 유머 있고 현명하며 적절한 대답을 할 수 없는 상황이 많기 때문이다. 상대의 말을 자르며 끼어들면 지켜보는 청중은 흥미진진하다고 생각하고, 상대는 마음이 불안해진다.

K 씨가 최대한 구체적인 사례를 찾고 있다. "그러니까 우리 사위를 예로 들어보면……" 다른 팀 임원이 그의 말을 자른다. "그 집안에는 사위 말고 아무도 안 사나요?" 참석자들이 웃음을 터트린다.

TIP

상대의 말을 자를 때는 최대한 찰진 표현을 골라야 한다. 참신하고 재미난 표현으로 청중의 마음을 사로잡아보자. 상대가 무슨 말을 하든 무조건 고개를 내저으면서 억지로 대화를 자기 유리한 쪽으로 끌어당기려고 하면 청중이 고운 눈으로 보지 않는다. 또 상대가 말하는 중간중간 "말도 안 돼!" "거짓말!" 같은 추임새를 집어넣는 것도 생각만큼 큰 효과를 내지 못한다.

최대한 자주 상대 말을 잘라 상대를 혼란스럽게 만들면 내가 유리할 것이라는 생각은 오산이다. 오히려 역효과가 날 수 있다. 괜히 어깃장 부리는 인간, 집요한 인간으로 비칠 것이고, 상대는 그런 당신의 피해자로 비칠 것이다. 그러므로 상대의 말을 자를 때는 진짜로 먹힐 수 있는 1~2마디로 끝내야 한다.

scene

K가 설명을 한다. "제가 정말 많은 전문가랑 이야기를 나누어봤습니다만……" 다른 팀 임원이 말을 자르며 끼어든다. "K 씨 말에 동의하면 바로 전문가가 되는군요."

TIP

토론할 때 너무 고약한 표현은 조심하는 것이 좋다. 상대를 바보로 만들어버리면 상대는 당신의 피해자가 될 것이니, 당신은 청중의 호감을 잃게 된다.

한편 논쟁이 격해질 때나 정치인이 끼어 있는 토론에서 "제가 말해도 되나요?"라는 말을 자주 들어본 적 있을 것이다. 사실 이 말에는 반박의 여지가 없다. 어쨌거나 토론에 참석한 모든 사람은 자기 생각을 말할 권리가 있고, 그러자면 준비한 말을 끝까지 다 할 수 있어야 한다. 누가 들어도 이 말의 메시지는 분명하다. '이번에는 내 차례야!' 그러니 이 말을 적절하게 사용하면 내 발언 차례를 되찾을 수가 있다.

그러나 실제로는 이 말이 그저 발언 시간을 늘리기 위한 목적으로, 특히 상대를 비난하기 위한 목적으로 사용될 때가 많다. 상대가 이런 말로 하염없이 자기 이야기를 늘어놓고 있다면 다음의 표현으로 대응할 수 있겠다.

- "안 그래도 여태 혼자 말씀하셨습니다. 대체 언제 끝나죠?"
- "말씀하세요. 딱히 하실 말씀은 없을 것 같지만."
- "너무 길게 말씀하셔서 제가 방금 요약해드렸는데."
- "부탁하시는 거예요? 협박처럼 들리는데요."

61

상대가 오물을 투척한다면

많은 토론 참가자가 억측이나 모욕, 불손한 언행을 한다. 특히 논리가
부족할 때 그렇다. 이때 그들의 목적은 2가지다. 상대는 많은 사람 앞
에서 당신을 나쁜 사람으로 만들려 한다. 그리고 당신을 도발하려 한
다. 이럴 때 당신이 흥분해서 맞받아치면 더는 객관적인 토론이 불가
능해진다. 조심하자! 그것이 바로 상대가 원하는 것이니까.

상대가 그런 식으로 사람들의 호감을 얻을까 봐 걱정할 필요 없다.
보통 사람들은 그런 수단을 쓰는 사람을 좋아하지 않는다. 그러니 절
대 상대의 도발에 넘어가지 말아야 한다. 다음 2가지만 기억하라.

- 평정심을 유지하면서 상대의 비난에 짧게 한마디 대응한 후 다시
  원래의 주제로 돌아간다.
- 상대의 반칙 행동을 까발려서 상대에게 불리하도록 분위기를 몰아
  간다. 하지만 그렇게 되면 토론은 거기서 끝이다. 당신 역시 그런
  상대와는 토론을 계속할 수 없다고 밝혀야 한다.

다만 2번째 방법은 위험하다. 상대가 당신에게 던진 오물이 당신에게 튈 수 있는 것이다. 따라서 상대의 비난에 짧게 입장을 밝히며 상황을 확실히 정리하고 당신의 명예를 지켜내야 한다.

수세에 몰릴 때는 전략을 바꿔라

토론을 하다 보면 당신에게 불리한 상황이 닥칠 수 있다. 상대가 청중의 입맛을 알아 청중의 마음을 사로잡거나 그의 말이 전적으로 옳은 것이다. 이럴 때는 어떻게 해야 할까?

2가지 방법이 있다. 따로따로 써도 좋고 같이 써도 좋다. 즉 상대가 옳다는 것을 인정해 토론 주제를 전환하거나, 아니면 연막작전을 써서 연기를 피우는 것이다. 독일의 철학자 아르투어 쇼펜하우어Arthur Schopenhauer의 말을 빌리자면, 상대를 설득할 수 없을 때는 적어도 상대를 혼란스럽게 만들려고 노력하라!

먼저 상대의 논리가 진짜로 당신보다 더 낫다면? 그렇다면 그가 옳다고 인정하라. 그럼 기적이 일어난다. 오래도록 고통을 주던 토론이 그 한마디 말로 끝날 테니 말이다.

scene

격론을 벌이던 W는 어느 순간 Z의 논리가 자신보다 더 뛰어나다는 생각이 든다. "Z 씨, 듣다 보니 우리가 기본 원칙에서는 서로 크게 다르지 않다는 생각이 듭니다. 사실 그 지점은 저도 같은 생각입니다.

다만 제가 다르게 보는 부분이 있는데요……"

이 전략을 쓰면 상대가 아주 잘 아는 주제를 싹둑 잘라낸 뒤 그 자리로 당신이 마음에 둔 주제를 끌어올 수 있다. 물론 그러자면 당신이 잘못 알았다거나 잘 몰랐다고 인정을 해야겠지만 그건 그리 나쁘지 않다. 자신의 잘못이나 약점을 인정하는 사람은 숨기는 것 없이 정직하다는 인상을 줄 수 있으므로 청중의 호감을 얻을 수 있다.

하지만 살다 보면 상대가 옳다고 인정하기 힘든 상황이 있다. 가령 당신이 개인 자격으로 토론에 임한다면 실수도 쉽게 인정할 수 있겠지만, 당신이 회사나 단체의 이익을 대변하는 처지라면 함부로 그럴 수가 없다. 토론이 당신에게 불리하게 돌아간다 싶을 때는 얼른 2번째 기술을 꺼내서 연막을 피워야 한다. '아직은 제출하지 않은' 보고서나, 지금 한창 진행 중이지만 1차 결과가 '매우 고무적인' 실험 연구 등을 들먹인다. 상대가 확실한 자료를 강요하거든 "그런 세부 문제는 토론이 끝난 후에 의논하자"며 상대를 달랜다. 당신과 생각이 같아서 적극 인용하고 싶은 유명 전문가를 거론하는 것도 많이 사용하는 방법이다("나중에 시간 되시면 제가 전화번호를 드릴게요").

물론 청중도 당신이 수세에 몰린다는 사실을 이미 눈치채고 있다. 그래서 연막작전을 쓸 때는 당신이 매우 친절하고 다정한 사람이라는 인상을 팍팍 풍겨야 한다. "물론 우리가 여기서 종일 토론을 이어갈 수는 있겠지만요……."

불리한 상황을 모면할 또 다른 우아한 방법은 주제를 바꾸는 것이다. 그러자면 준비가 철저해야 한다. 기존의 주제를 잘 마무리 짓고, 모든 논의가 이루어졌으니 이제부터는 새 주제를 다루는 것이 좋겠다고 상대와 청중을 설득해야 한다.

scene

"K 씨, 접착제가 인체에 해롭지 않다고 말씀하셨고요. 제가 그렇지 않다고 생각하는 이유를 설명했습니다. 시간을 더 내어서 세세한 부분까지 토론을 이어갈 수는 있겠지만 그럼 여기 오신 분들이 너무 재미가 없을 테니까요. 제 생각에는 이쯤에서 좀 더 흥미로운 (……) 주제로 넘어가는 것이 좋을 것 같습니다."

62

유도 질문에 넘어가지 않는 법

인터뷰나 미팅, 강연이나 프레젠테이션도 토론과 똑같이 청중을 앞에 두고 이야기한다. 하지만 중요한 지점 하나가 다르다. 상대가 없다. 당신 혼자서 정보를 제공해야 한다. 물론 인터뷰는 질문을 던지는 상대가 있지만, 자기 생각이 있는 것이 아니라 청중을 대신해 질문만 던지는 사람이다. 따라서 그가 불친절하고 비판적인 질문을 던진다고 해도 그것 역시 청중을 대신할 뿐이다. 그런 점에서 질문자를 공격하는 것은 매우 위험한 행동이다.

이런 상황에서는 짧지만 상대가 생각하지 못한 뜻밖의 대답, 순발력 있는 대답이 좋은 대답이다. 그래야 상대의 관심을 끌 수 있다. 이런 효과를 거둘 수 있는 방법으로는 독창적인 비교, 상대의 마음을 무장해제하는 솔직함, 셀프 디스, 위트 등 매우 다양하다.

scene

독일의 기자 볼프 슈나이더Wolf Schneider가 전설적인 배우 엘리자베트 베르그너Elisabeth Bergner를 인터뷰하게 되었다. 그는 고심 끝에 그녀가

활약했던 1920년대 베를린의 황금 시절을 언급하며 인터뷰의 문을 열었다. "10대를 계집애라고 부르던 시절이었죠. 그 시절을 자주 추억 하세요?" 베르그너는 장난꾸러기 같은 표정으로 기자를 쳐다보며 이렇게 대답했다. "젊은 양반, 나는 그 시절 기억이 하나도 안 난다오."

코미디언 헤르베르트 포이어슈타인Herbert Feuerstein 이 〈플레이보이 Playboy〉 와의 인터뷰에서 요즘 연애 전선은 어떤지 질문을 받았다. 그는 이렇게 대답했다. "내 인생 원칙은 한결같아요. '오르지 못할 나무는 쳐다도 보지 마라!' 그럼 인생이 행복해지거든요. 나를 옷걸이로 생각해서 나한테다 자기 외투를 걸어두려는 미모의 여성은 아예 꿈도 꾸지 않습니다. 하긴 안 그래도 호르몬이 주무실 나이가 되었고요. 얼마나 다행인지. 주무시는 호르몬에 그저 감사할 따름이죠."

TIP

인터뷰를 할 때 반드시 지켜야 할 규칙이 있다. 질문자를 바보로 만들려고 하지 마라. 불쾌한 질문도 흔쾌히 응하면 상대는 당신을 존중할 것이다.

불신은 불신을 낳는다

질문의 목적은 정보 획득이다. 누군가 당신에게 질문을 던진다면, 당신이 어떤 주제의 전문가이거나 그 문제의 책임자이기 때문이다. 특히 후자일 때 많은 사람이 방어적인 자세를 취하며, 중요한 지점을 언급하지 않거나 최대한 밝히지 않고 넘어가기를 바란다.

그러나 이러한 태도는 유익하지 않다. 당신이 뭔가 숨기는 것이 있어서 제대로 대답하지 않는다는 느낌이 들면 상대는 당신을 불신하게 된다.

이럴 때도 통하는 원칙이 있다. 실수나 잘못을 인정하겠다는 마음은 언제 어디서나 좋은 결과를 낳는다. 실수나 잘못을 인정하면 인간적이고 믿을 수 있는 사람으로 보인다. 반대로 계속해서 잘난 척만 해대면 무엇이든 절대 놓치지 않겠다며 부들부들 떠는 비호감 인간으로 비친다. 그러니 실수나 잘못을 저질렀을 때 억지로 부인하거나 미화하려 하지 마라.

유도 질문의 의도를 파악하라

유도 질문에는 대답이 같이 들어 있다. 가령 "전문인력 부족은 관심 없다고 주장하지 않으셨나요?"라고 물을 때 질문자가 질문에 함께 담은 대답은 아마 이럴 것이다. "아, 그야, 그렇죠." 질문을 받은 사람은 질문자의 물음을 인정할 수밖에 없다.

유도 질문을 던지는 사람은 애당초 뭔가 알고 싶은 마음이 없다. 그저 상대의 인정이 필요할 뿐이다. 물론 유도 질문이 필요한 때도 있으므로 늘 유도 질문에 촉각을 곤두세울 필요는 없다. 하지만 일단 유도 질문이라는 사실을 알아차려야 걸려들지 않는다.

유도 질문은 당신이 당연하다고 생각하는 지점, 혹은 당연하다 생각해야 하는 지점에서 당신을 낚아채려고 한다. 거기에 당신이 당연하다 생각하지 않는 지점, 또는 상대가 직접 물었다면 절대 동의하지 않았을 지점을 슬쩍 끼워 넣는다면 매우 위험해진다.

문제는 우리가 그런 질문을 인터뷰에서만 만나는 것이 아니라는 사실이다. 일상에서도 우리는 자주 그런 질문과 맞닥뜨린다.

scene

T 씨가 U 씨의 제안서를 맹렬히 비난한다. U 씨가 반론에 나선다. "지금 토론의 기본 원칙을 문제 삼으려는 건 아니죠?" T 씨가 당황한다. "아 물론. 그거야 아니죠······"

여기서 U 씨의 유도 질문이 통했던 이유는 T 씨가 동의한 지점을 걸고넘어졌기 때문이다. "기본 원칙"이라는 말에는 '시간만 들지 아무 소득도 없는 지루한 토론을 하지 말자'는 내용이 들어 있다. 물론 U 씨에게는 기본 원칙이 중요한 것이 아니다. U 씨는 자기 제안서를 대충 검토하고 넘어가주기를 바라는 것이다.

유도 질문을 막으려면 바로 이 지점을 공략하면 된다. 질문의 배

경이 무엇인지 탐색해 언급하는 것이다. 방법은 3가지다.

- 무슨 뜻으로 그런 질문을 했는지 상대에게 설명을 요구하고 → "기본 원칙이 뭐죠?" 상대의 의도를 해석한다. → "소득 없는 쓸데없는 토론은 저도 싫습니다." 이어 당신이 바라는 바로 넘어간다. → "기본 원칙을 생각한다면 조금 더 깊이 있는 토론이 필요하다고 보는데요."
- 상대의 흑심을 까발린다. → "왜 그런 질문을 하시죠? 토론을 중단하고 싶으신가요?"
- 유도 질문에 당당하게 맞선다. → "기본 원칙에 문제가 있나요? 그렇다면 그것도 토론에 포함해야겠군요. 어떠세요?"

TIP

유도 질문을 받았다면 그것이 유도 질문이라는 점을 설명해 그에 맞선다.

상대가 질문으로 덫을 놓는다면?

상대가 자기주장을 슬쩍 끼워 넣어 질문을 던진다. 이때 당신이 평소처럼 대답을 한다면 꼼짝없이 덫에 걸려들고 만다. 당신이 상대의 주장을 인정하는 꼴이 되어버리는 것이다.

"K 씨, 그 판매 전략은 동유럽에서도 안 먹혔어요. 그런데 스페인에서 먹힐 거라고 생각합니까?" K 씨가 대답한다. "스페인은 연결망이 잘 닦여 있으니까요. 그걸 바탕으로 우수한 협력업체를 금방 모을 수 있을 겁니다."

이런 평범한 대답으로 K 씨는 덫에 걸렸다. 동유럽에는 안 먹힌다는 상대의 비난을 암묵적으로 인정한 꼴이 되었으니 말이다. 따라서 의견이 다르다면 그 점을 분명히 밝혀서 상대의 주장을 물리쳐야 한다.

K 씨가 반박한다. "왜 우리 전략이 동유럽에서 안 먹혔다고 말씀하시나요? 당시 여건이 얼마나 어려웠는지는 누구보다 잘 아시잖습니까? 그런데도 열심히 노력한 덕에 지금은 수익을 올리고 있습니다. 그 경험이 스페인 사업에 큰 도움이 될 것이고요. 더구나 스페인은 이미 연결망이 잘 닦여 있습니다. 그걸 바탕으로 우수한 협력업체를 금방 모을 수 있을 겁니다."

이런 식의 질문을 우리는 정말로 자주 만난다. 어떨 때는 너무도 교묘해서 미처 알아차리지 못할 수도 있다. "이 위기를 어떻게 또 넘어가려고 해요?" 잠깐만! 문제가 있기는 하지만 이걸 위기라고까지 말할 상황인가? 불쑥 대답부터 하지 말고 현 상황에 대한 당신의 입장을 설명해 상대의 전략을 무너뜨리자.

TIP

상대의 틀린 주장을 바로잡을 때는 2가지 실수를 조심해야 한다. 상대의 주장을 반박할 때 너무 화를 내면 안 된다. 또 자기 말만 고집하는 독선적인 사람처럼 행동해서도 안 된다. 둘 다 비호감이다.

만약 상대가 질문에 틀린 주장을 슬쩍 끼워 넣거든 3단계로 대응하자. 3단계의 순서는 바뀌어도 상관없다.

1. **상대의 주장을 반박한다**: "어떻게 그런 생각을 하게 되었나요?" "그건 그쪽 생각이고요. 저는 전혀 다르게 봅니다."
2. **문제를 바로잡는다**: "그건 그게 아니고요……"
3. **이때 원래의 질문 내용을 덧붙이다**: "그게 그렇기 때문에……"

scene

부장이 K 씨에게 말한다. "이번에도 일정을 못 지켰네. 왜 일을 이따위로 하지?" "고객님이 갑자기 생각을 바꾸는 바람에 일정이 연기되었습니다. 상황이 그렇지 않았다면 당연히 일정을 정확히 지켰을 겁니다."

63

끈질기게 질문하라

끈질기게 질문을 퍼부어 상대를 궁지로 몰 수 있다. 상대의 대답이 조금만 궤도를 벗어나도 곧바로 추궁이 쫓아온다. 질문을 받은 쪽은 빚쟁이처럼 계속해서 대답을 고민해야 하므로 움쭉달싹할 수가 없다. "제 질문에 대답하기 싫은 거죠?" 이럴 때 반문을 하면 불쾌한 추궁을 막을 수가 있다.

상대에게 쫓기기 싫다면 되물어보자. 그냥 이렇게만 물어도 좋다. "그게 무슨 소립니까?" 부드럽기 짝이 없는 이런 간단한 반문만으로도 입장이 전도되어 상대가 자기 질문을 더 자세히 설명해야 하는 상황이 된다. 나아가 질문의 공격성을 누그러뜨리거나 질문의 정당성 자체를 무너뜨릴 수 있는 토대를 다질 수 있다.

"왜 그런 말씀을 하시죠?"도 매우 중요한 반문이다. 억양을 달리하면 놀라움, 관심, 모욕감, 분노 등 다양한 감정을 표현할 수 있다. 이제 패는 상대에게로 넘어가고, 상대는 어쩔 수 없이 자기 질문의 근거를 설명하고 사례를 들어야 한다. 그럼 당신은 그가 얼마나 잘 아는지 알 수가 있고, 상대가 대답을 하는 사이 느긋하게 앉아서 어떻게 대응할지를 고민할 수가 있다.

반문의 타이밍

반문이 꼭 방어적일 필요는 없다. 반문으로 역공을 할 수도 있다. 하지만 이 방법은 상대의 공격이 정말 뼈아프고 부당하다는 기분이 들 때에만 사용하도록 하자. 공격적인 반문은 효과가 정말 세다.

- "왜 그런 질문을 하시죠?"
- "원하는 것이 무엇입니까?"
- "방금 설명했습니다. 왜 제 말을 안 들으세요?"
- "이런 질문에는 답하지 않겠습니다. 왜 온갖 방법으로 저를 자극하시려는 거죠?"
- "사전 정보가 턱없이 부족하시군요. 왜 그렇죠?"

이런 반문의 목적은 상대를 주눅 들게 하거나 입을 다물게 만들려는 것이다. 따라서 공격적인 반문은 부메랑이 되어 돌아오기가 쉽다. 원래의 질문이 정당했을 경우 당신의 반문이 거만하거나 주제넘어 보일 것이기 때문이다.

굳이 공격적이고 뻔뻔한 반문이 아니어도, 상대의 질문을 그냥 상대에게 되돌려주기만 해도 일이 풀리는 경우가 많다.

■ "기후 재앙을 막아보자면서 제안서 꼴이 그게 뭡니까?"

　→ "아, 그래요? 다시 잘 살펴봐야겠네요. 그럼 그쪽 제안서는 어떤

　　꼴인데요?"

■ "뇌는 안 큰데 왜 쓰레기는 이렇게 많이 만들어내요?"

　→ "글쎄요. 저도 모르겠네요. 그쪽은 어떻게 만들어요?"

TIP

반문은 자주 쓰지 않는 것이 좋다. 너무 잦으면 토론을 피하고 거부

하는 듯한 인상을 풍긴다. 특히 반문을 계속 연달아 쓰면 정말로 거슬

린다.

64

상대가 선택을 요구할 때

상대가 먼저 여러 가지 가능성을 소개하고 당신에게 그중 하나를 고르라고 한다. 당신에게서 정해진 대답을 듣고자 할 때 상대가 가장 많이 쓰는 방법이 바로 이것이다. 질문의 완성도가 높을 때는 많은 사람이 이 덫에 걸려든다. 따라서 대답을 하기 전에 먼저 다른 가능성은 없을지 고민해야 한다. '당신이 보기엔 가장 좋은데도 질문자가 부러 숨긴 대안이 있을까?' 그럴 땐 망설이지 말고 그 대안을 말하자.

scene

"오늘 저녁에 영화 보러 갈까? 가기 싫으면 그냥 집에 있고." "나는 맛있는 거 먹으러 가고 싶은데. 당신은 어때?"

더 괜찮은 대안이 당장 떠오르지 않는다고 해도 대답의 문을 열어놓을 수 있다. "나는 다른 거 하고 싶은데. 조금 더 고민해보자."

TIP

선택을 요구하는 이런 질문에는 의도가 분명하게 언급되지는 않았
지만 전제 조건이 깔려 있다. "월요일이 좋아요? 화요일이 좋아요?"
이럴 땐 당신이 그 전제 조건을 언급해야 한다. "근데 왜 내가 당신
하고 만나야 해요? 이유가 뭐예요?"

이처럼 많은 질문에는 특정한 일을 하라는 요구가 들어 있다.
"개털이 빠지는 가장 중요한 이유 3가지를 들어보세요." 그러면 우
리는 얌전하게 딱 3가지 이유를 찾아 나선다. 물론 그렇게 하지 말
아야 할 이유는 없지만 따지고 보면 또 그렇게 해야 하는 이유도 없
다. 그런데도 우리는 더듬거리다가 창피를 당할 수도 있는데 그 위
험을 감수하고서 시키는 대로 따른다.

지시는 소용돌이를 일으킨다. 우리는 따라야 할 것 같은 의무감
을 느낀다. 그럴수록 의미 없다는 생각이 들 때는 지시에 저항할 필
요가 있다. 일단 한 번 지시를 따르면 소용돌이는 더 거세어질 것이
기 때문이다.

따라서 이렇게 말해보자. "왜 그래야 하는데요?" 그러면 입장이
전도되어 상대가 자기 요구의 근거를 설명해야 한다. 상대가 설명
할 수 없다면 그 지시는 그냥 무시해도 좋다. 혹은 상대의 지시를
당신이 원하는 방향으로 바꿀 수도 있다.

싸우지 않고 세련되게 주도하는
관계의 기술

지금까지 살펴보았듯 순발력이 있으면 좋은 점이 많다. 하지만 아쉽게도 누구나 순발력을 타고나는 게 아니다. 당신이나 나나 잘못한 게 아닌데도 할 말이 바로 떠오르지 않아 억울하게 한마디도 못하고 당한 일이 어디 한두 번인가. 직장 생활을 하면 할수록 상대를 설득하기 힘들다는 생각도 날로 더해갈 것이다. 그래서인지 순발력 있는 대화법에 관한 책은 인기가 상당히 높다.

아무쪼록 한국의 독자들도 이 책을 통해 순발력을 키울 수 있기를 바란다. 아울러 이 책이 전하는 순발력 있는 대화법을 통해 좀 더 자신 있게, 당당하게 세상의 파도를 헤쳐나가길 기원한다.

옮긴이 **장혜경**

연세대학교 독어독문학과를 졸업했으며, 동 대학원에서 박사과정을 수료했다. 독일 학술 교류처 장학생으로 하노버에서 공부했다. 현재 전문 번역가로 활동 중이며 《현명한 이타주의자》, 《자기만 옳다는 사람과 대화하는 법》, 《내가 누구인지 아는 것이 왜 중요한가》, 《나는 왜 무기력을 되풀이하는가》 등을 우리말로 옮겼다.

말문이 막힐 때 나를 구하는 한마디

초판 1쇄 발행   2024년 10월 14일

지은이 • 마티아스 뇔케
옮긴이 • 장혜경

펴낸이 • 박선경
기획/편집 • 이유나, 지혜빈, 김슬기
홍보/마케팅 • 박언경, 황예린, 서민서
표지 디자인 • studio forb
디자인 제작 • 디자인원(031-941-0991)

펴낸곳 • 도서출판 갈매나무
출판등록 • 2006년 5월 18일 제2016-000085호
주소 • 경기도 고양시 일산동구 호수로 358-39 (백석동, 동문타워 I) 808호
전화 • 031)967-5596
팩스 • 031)967-5597
블로그 • blog.naver.com/kevinmanse
이메일 • kevinmanse@naver.com
페이스북 • www.facebook.com/galmaenamu
인스타그램 • www.instagram.com/galmaenamu.pub

ISBN 979-11-91842-73-9 (03320)
값 18,800원

• 잘못된 책은 구입하신 서점에서 바꾸어드립니다.
• 본서의 반품 기한은 2029년 10월 13일까지입니다.

이 책은 《결정적 순간, 나를 살리는 한마디 말》의 개정판입니다.